# 家族办公室
## 案例实操

李春玉 著

西南财经大学出版社
Southwestern University of Finance & Economics Press

中国·成都

图书在版编目(CIP)数据

家族办公室案例实操/李春玉著.—成都:西南财经大学出版社,2024.5
ISBN 978-7-5504-6189-5

Ⅰ.①家…  Ⅱ.①李…  Ⅲ.①家族—私营企业—企业管理—案例—世界
Ⅳ.①F276.5

中国国家版本馆 CIP 数据核字(2024)第 096916 号

**家族办公室案例实操**
JIAZU BANGONGSHI ANLI SHICAO

李春玉  著

策划编辑:何春梅
责任编辑:肖  翀
助理编辑:徐文佳
责任校对:周晓琬
封面设计:星柏传媒
责任印制:朱曼丽

| | |
|---|---|
| 出版发行 | 西南财经大学出版社(四川省成都市光华村街 55 号) |
| 网    址 | http://cbs.swufe.edu.cn |
| 电子邮件 | bookcj@swufe.edu.cn |
| 邮政编码 | 610074 |
| 电    话 | 028-87353785 |
| 照    排 | 四川胜翔数码印务设计有限公司 |
| 印    刷 | 四川五洲彩印有限责任公司 |
| 成品尺寸 | 170 mm×240 mm |
| 印    张 | 16.5 |
| 字    数 | 266 千字 |
| 版    次 | 2024 年 5 月第 1 版 |
| 印    次 | 2024 年 5 月第 1 次印刷 |
| 书    号 | ISBN 978-7-5504-6189-5 |
| 定    价 | 68.00 元 |

# 前言

我的恩师曾反复强调说话、做事、写文章都要融入结构化思维,本前言也将遵循这一原则,旨在保持读者对本书内容的清晰理解,即便只是匆匆浏览,也能轻易掌握其内容,而不至于被线性语言中的烦琐思维缠绕。因此,本书的前言也将结构化为以下四个部分:

- 是什么——本书包含了哪些内容
- 为什么——写作本书的意义
- 怎么办——应该怎样消化吸收本书
- 结语

## 是什么——本书包含了哪些内容

本书的每一章都采用了"开篇(开篇案例)——正文(典型案例)——结尾(实战案例)"的经典架构,以全面展示家族办公室这个超级航母的各个方面的理论和实践。

第一部分,带领读者认识家族办公室。家族办公室为高净值家庭提供全方位的财富管理和家族服务。虽然家族办公室在现代意义上更多地受到西方国家经验的影响,但我们仍然需要探索如何建立适合中国家族的"中国式家族办公室"。

第二部分,介绍家族办公室的第一个重要武器——资产管理工具。资产管理工具包括保险、信托以及其他各种金融产品。确保家族资产的保值和增值是家族办公室最重要的职责之一,也是家族办公室行业兴起的重要原因。

第三部分，介绍家族办公室的第二个重要武器——法税工具。这一部分详细介绍了预防婚姻和继承风险的法律工具，并结合 2024 年 7 月 1 日开始施行的《中华人民共和国公司法》的最新条文，为企业家提供了有效的"大家"和"小家"的平衡之术。在全球税务透明化时代，如何在确保合规的基础上进行税务筹划也是家族办公室面临的重要课题。

我之所以做这样的行文结构安排，是为了融入结构化思维，让读者能够更深入地理解家族办公室的运作和功能。这本书注重从理论和实践案例两方面引导读者全方位地了解家族办公室的相关知识。不论是寻求理论支持的专业人士，还是追寻实践指南的初学者，都能在本书中找到满足自己阅读需求的内容。

## 为什么——写作本书的意义

根据胡润研究院 2024 年 3 月 19 日发布的《2023 胡润财富报告》（Hurun Wealth Report 2023），截至 2023 年 1 月 1 日，中国拥有亿元人民币总财富的"超高净值家庭"数量达到 13.3 万户。预计未来 10 年，将有约 21 万亿元财富传承给下一代，而在 20 年内，将有约 49 万亿元财富传承给后代。显然，中国企业家群体面临着紧迫的传承问题，这也引发了对巨大市场服务需求的涌动。毫不夸张地说，未来 20 年将成为超高净值客户对金融服务升级需求爆发的时代，也是家族办公室的时代！但问题是，家族办公室的从业人员，你们准备好了吗？

据不完全统计，目前中国有 2 000~3 000 家家族办公室，其中大部分成立于 2010 年之后。国内的家族办公室行业仍处于初级阶段，人才储备还不足，业务经验还不丰富，真实案例也相对匮乏，并且大多数案例还受到隐私保护的限制。因此，尽管国内有一些关于家族办公室的书籍，但大多数侧重于理论层面。

作为中国家族办公室行业的从业者和探索者，我尝试将过去的实践与理论相结合，打造一本更加偏重于实践案例的书籍，向读者展示家族办公室内部运营和规划方案的真实情况。为了保护我所服务的家族客户的隐私，我必须对所有可能识别客户身份的信息进行模糊化处理，同时保留最有价值的关键规划，让即使没有参与过家族办公室方案规划的读者也能够通过阅读本书了解家族办公室的真实运作情况。

我期望这本书如一条宽阔大路，引领中国高净值人士寻找企业与家庭之间的完美平衡之道；我渴望这本书犹如一双羽翼，让向往投身家族办公室业务的读者跨越知识的障碍，不再让缺乏实践成为你的壁垒；我期待这本书如一座桥梁，与业内人士建立联系，让分享和互通有无成为中国家族办公室行业的常态。

## 怎么办——应该怎样消化吸收本书

各章以典型案例为引子，旨在让读者清楚地了解该篇所述内容在家族办公室版图上的位置。

篇内正文需要读者仔细研读。无论是家族办公室的内部细节还是涉及的领域，错综复杂且琐碎。这种复杂性提高了家族办公室的门槛，使很多人望而却步，无法深入研究。然而，专业技能的提升是家族办公室行业的必经之路，别无他法，唯有映雪囊萤，研精覃思。但通过各种案例的解析，本书减轻了读者的阅读负担，让理论通过案例变得更加生动而深刻。

实战分析部分是我亲身处理或接触到的家族办公室规划和实践的真实案例。由于保密的原因，这些案例不可能将所有规划的细节展示出来，但已在脱敏的基础上展示了主要的规划方案，尝试让从未接触过家族办公室的读者在阅读本书后可以了解家族办公室是什么、如何运作，以及如何为高净值客户进行全方位的家族规划。

本书对于希望成立家族办公室的高净值人士也是非常友好的。书中没有众多枯燥的理论堆砌，更多的是对其他成功的或者失败的家族办公室案例的解读，让各位可以听听他人的故事，长长自己的智慧，以便能够在自己是否需要成立家族办公室、家族办公室能为自己提供哪些服务、应该如何选择家族办公室等重要问题上做出理性、科学的判断。

## 结语

写作本书前言时，上海秋色正浓，秋阳正暖。

回首撰写本书的历程，有如整理过往经历一般，每一页每段文字都如波涛起伏，唤起了我在以往案件中经历的那些惊心动魄和大团圆的时刻。

特别感谢上海家与家律师事务所的谭芳主任和传与承家族办公室的董事长霍世球先生，你们如明灯般的指引，使我有机会踏入家族办公室这个我如此喜爱的行业，领略着如此美好的人生景色。

感谢我的两个小男子汉，谢谢你们带给我如此丰富的人生体验。多年后，我也会一直记得键盘上你们胡乱敲击的小手，那也是本书的一部分。

无论正在阅读本书的你是高净值人士还是家族办公室的从业者，都希望你能将"爱"这个字贯穿于家族办公室运营的始终。家族办公室是为"人"服务的，我们是"家人"一般的存在。

家族办公室传承着家族财富和家族文化精髓，赓续爱与智慧。我愿与各位读者一起走在繁花似锦的路上，让"爱"在家族中流动。

鉴于国内家族办公室行业还处于初级阶段，且我个人的才能和经验也有限，本书难免存在疏漏之处，热切期望读者能斧正并不吝赐教。

李春玉

2023 年 11 月于上海

# 目　录

## 第一部分　运营家族办公室

= 第一章　家族办公室初探

　　第一节　家族办公室之前世今生/004

　　第二节　家族办公室之众里寻她/007

　　第三节　家族办公室之顶配服务/011

　　第四节　家族办公室之百家争鸣/015

　　第五节　实战分析/017

= 第二章　中国式家族办公室

　　第一节　中国式家族办公室的市场环境/021

　　第二节　中国式家族办公室的特殊类型/024

　　第三节　中国式家族办公室的运营方略/028

　　第四节　实战分析/035

# 第二部分　家族办公室的金融工具

**■ 第三章　家族办公室的地基——保险**

第一节　金融明珠——人寿保险/044

第二节　财富基石——储蓄型保险/049

第三节　遭遇婚变，保险怎么办？/052

第四节　保险误区，如何辨识？/055

第五节　实战分析/061

**■ 第四章　家族办公室的中流砥柱——信托**

第一节　全能选手——家族信托/066

第二节　包罗万象——信托财产/077

第三节　面面俱到——信托分配/084

第四节　锦上添花——慈善信托/087

第五节　实战分析/092

**■ 第五章　家族办公室的金手指——资产配置**

第一节　资产配置——境内境外/097

第二节　底层资产——传统投资/103

第三节　分散风险——另类投资/105

第四节　子女教育——留学深造/116

第五节　实战分析/120

# 第三部分　家族办公室的法税工具

= **第六章　家族办公室保驾幸福婚姻**

第一节　避免婚前财产混同——婚前协议/130

第二节　守护婚内共同财产——婚内协议/138

第三节　争取离婚个人财产——离婚协议/149

第四节　离婚矛盾重灾区——房产分割/155

第五节　实战分析/162

= **第七章　家族办公室铺路财富传承**

第一节　遗嘱起草——七种遗嘱形式/170

第二节　遗嘱新规——设立遗嘱信托/174

第三节　继承开始——四种继承方式/176

第四节　继承新规——遗产管理人/179

第五节　实战分析/181

= **第八章　家族办公室助力企业长青**

第一节　企业责任——有限还是无限？/188

第二节　企业架构——公司的五脏六腑/190

第三节　多面企业——母子、总分、离岸/201

第四节　遭遇离婚——股权分割之痛/204

第五节　实战分析/214

**= 第九章　家族办公室助力税务合规**

第一节　一个世界——全球税务透明化/219

第二节　两个问题——谁缴税，付给谁？/221

第三节　三国税制——中国、美国、加拿大/225

第四节　相关建议——税务、企业、房产/243

第五节　实战分析/246

# 第一部分

# 运营家族办公室

◎ 家族办公室初探

◎ 中国式家族办公室

# 第一章 家族办公室初探

　　本章意在揭开家族办公室这个神秘的面纱，把家族办公室的各方面功能——拆解，再进行实务归纳。但鉴于家族办公室行业具有私密性的特点，笔者无法将各家族办公室的情况毫无保留地展现出来，但我们会力求从实务出发，将各家族办公室的职能归纳整理，在保护家族办公室私密性的同时让读者看到家族办公室的全貌。

## 第一节 ┃ 家族办公室之前世今生

### 家族办公室的开端

尽管已经找不到关于第一批家族办公室确切起源的记录了，但有文献记载，在 19 世纪或更早时期，法国、英国和德国贵族就已经有了家族办公室的雏形，但此类家族办公室是嵌套在庄园办公室里面的，其职能并未独立出来。第一个家族办公室应该出现在欧洲，时间大概是在十字军东征之后，这一时期的特殊战事引发了土地清算的发生，财富由此大大增加。因此，相比美国，欧洲的土地所有权在财富的保护方面起到了更为重要的作用。

美国的家族办公室起源于工业革命后不久。工业革命时期，美国的富豪们创造了惊人的财富，各家族企业成为美国经济的支柱。这些家族企业的财富聚集起来占当时美国国内生产总值的一半以上，这些富可敌国的庞大家族资产量巨大、成员复杂，财产种类繁多且遍布世界各地，这直接促成现代家族办公室的蓬勃发展。

> **典型案例**
>
> 石油大亨洛克菲勒在 1882 年就创办了家族办公室，应该是第一个严格意义上的家族办公室，该家族办公室一直存续至今。
>
> 洛克菲勒的财富传奇开始于标准石油。早在 1900 年，洛克菲勒控制

的标准石油就已经控制了美国国内的炼油业务，占有80%的美国国内石油储备。后美国最高法院认定标准石油形成垄断，标准石油不得不拆分为多家石油子公司。洛克菲勒仍持有这些拆分后的公司中约75%的股权，是最大的单一股东。这些股权为洛克菲勒积累了巨额的财富。在约翰·戴维森·洛克菲勒于1937年去世时，其财富总值估计为14亿美元，而同期美国GDP为920亿美元。

就在标准石油解体前夕，约翰·戴维森·洛克菲勒创立了家族办公室。1913年，他设立了洛克菲勒基金会，专门用于慈善工作。老洛克菲勒是一位著名的慈善家，他一生捐献了5.3亿美元。老洛克菲勒有三个女儿和一个儿子，他将自己的绝大多数财富都传给了儿子小约翰·戴维森·洛克菲勒。儿子小洛克菲勒掌舵家族后，不仅继承了老洛克菲勒的赚钱能力，还继续发展了家族慈善事业。小洛克菲勒在家族办公室的筹划下设立了很多的基金会和慈善信托，大力发展慈善和公益。小洛克菲勒还积极地对遗产和赠与进行规划，保护家族的大量财富代代相传，他通过家族办公室创建了许多信托，每个信托初始价值2 000万美元，信托的主要受益人是他的妻子和六个孩子。

经过多年的发展，洛克菲勒家族办公室已经从最初的管理个人业务和家族事务的小型办公室，逐渐发展成为一家多家族资产管理和财富咨询公司，其不仅为洛克菲勒家族服务，也为其他很多高净值家族管理资产。新老几代洛克菲勒家族成员们让家族财富迅速积累的同时，又积极地利用各类工具将他们的财富成功地转移给后代，建立了跨代财富转移模式的典范，而家族办公室就是其财富积累和传承的重要工具。保护家族财富的积累与传承，是家族办公室一个重要的意义。

## 家族办公室的现代意义

现代意义上的家族办公室更多依赖于国外家族办公室的理论和实践。根据美国家族办公室协会（Family Office Association）的定义，家族办公室是专为超级富有的家庭提供全方位财富管理和家族服务，以使其资产得到长期发展，符合家族的预期和期望，并使其资产能够顺利地进行跨代传承和保值增值的机构。在专门研究家族办公室的 Peter Schaubach 教授出版的 *Family Office in Private Wealth Management* 一书中，将家族办公室定义为"由拥有大量复杂资产组合的家族或个人建立的组织单位，目标是更有效地增长财富；家族办公室能够站在战略、战术和实际运作等全方位的角度，对财务、社会和人力资产进行配置、协调和动员，并利用家族办公室能够长期创造价值的优势，来实现家族财富有效增长的目标。"

虽然家族办公室并没有一个统一的、全球公认的定义。但是，我们可以看到，理解家族办公室并不困难，家族办公室服务的主体是高净值家庭或其整个家族，服务的内容包括财富管理和事务服务两部分，服务的目标是财富的保值增值和家族事务的妥善处理。通俗意义上，家族办公室有点像是一个"超级大管家"，大到全球资产配置、企业接班人培养，小到离婚继承、法律风险防控、家族游玩、古玩字画的购买，只要是家族的事情，就都是这个超级大管家的分内之事。

至于何为高净值，不同时代、不同国家的认定标准并不相同。在我国普遍认可的高净值人士为可投资资产超过 1 000 万元人民币的个人，而个人持有可投资资产达 1 亿元人民币以上的则可以称之为超高净值人群。可投资资产并不是指全部资产，尤其不包括自住性房地产等流动性较低的资产。可投资资产通常是指现金/存款、股票、基金、债券、房产、另类投资品等流动性较好、仅用于投资的资产。从家族办公室提供服务的综合性和运营成本出发，成立家族办公室的人群集中在高净值和超高净值人士之中。

瑞银集团（UBS）*Global Wealth Databook 2023* 的报告显示，全球拥有净资产 100 万~1 000 万美元的人有 5 660 万左右，超过 1 000 万美元的人约为 275 万人。该报告进一步预测，未来五年全球财富将增长 38%，到 2027 年，净资产超过 5 000 万美元的超高净值人士的数量可能会增加到 372 000 人。当然资产越高的人群，其财富构成也往往更复杂，各类排行榜、统计数据等并不能真实地还原全球私人财富持有的真实情况。高净值人群的实际数量只可能比统计出来的更多，而不是更少。但我们仍然可以从这些数据中意识到家族办公室的可发展空间还有无限的可能。笔者相信，未来的 10 年我们将目睹家族办公室在世界各地迅速地发展和壮大。

## 第二节 | 家族办公室之众里寻她

为什么要成立一个家族办公室？家族办公室都有哪些功能？

作为一个"超级大管家"，家族办公室在家族中扮演着多种角色，提供着多种服务。成立家族办公室的基础之一是家族资产规模庞大，需要进行专门的管理。但是拥有庞大的资产却并不一定是成立家族办公室的充分条件。家族办公室是为家族提供综合、定制化服务的专门机构。除了财富管理方面的需求，超高净值人士们还可能出于预测投资、支出、慈善、财富传承、税务、婚姻、资产配置、风险防控等各方面的综合性需求而决定成立一个家族办公室。

**⧙ 典型案例**

**1. 投资顾问总是站在投资公司的立场，而我需要一个完全为自己着想的"自己人"。**

冯总多年来一直是 A 投资公司的 vip 客户，投资顾问换了一批又一批，投资收益时好时坏，冯总对此也很理解。但是接触的时间长了，冯总发现了一些问题：第一，投资顾问好像都很忙，双方在沟通上总是不够透彻；第二，可投资产种类并不是很多，主要就是海外的几处房产和大额存单、基金等理财产品，如果想要投资其他的资产，必须与其他投资公司联系；第三，单一的投资公司缺少全球视野，不具备在整体性上对冯总家族的资产进行规划的意愿和眼界；第四，每个投资顾问都说自己公司的产品好，冯总作为非专业人士，无法进行识别。

为了增强冯总的参与感和掌控感，吸引冯总投入更多的资产，A投资公司后来专门为像冯总一样的vip客户成立了独立的家族理财工作室，并收取高昂的服务费。但是这个所谓的"独立理财工作室"却并没有那么"独立"，投资顾问们会更偏向于维护投资公司的利益，缺乏中立的立场。冯总开始思考，聘请外部的商业机构来管理自己家族的财富是否是一个明智之举。冯总希望能有一个能站在自己家族的立场，完全为家族的利益着想的投资顾问。

家族办公室作为一种新型的财富管理公司走入了冯总的视野。家族办公室可以为整个家族的投资及资产相关问题提供全方位的咨询服务，当需要对家族的投资策略进行调整，增加或减少某些资产配置时，家族办公室也可以在必要时联合各领域的顾问专家，制订出最优方案。冯总于是成立了自己的家族办公室，对整个家族的财富进行管理。

家族办公室首先为冯总家族铺垫了底层的资产，包括在众多的投资组合中一一甄别，选择最适合冯总家族的大额保险、指数基金等一些稳健的理财产品，确保无论遇到任何风险，家人的生活都有基本的保障；随后开始根据冯总的意愿和国内外市场的情况为冯总进行全球资产配置，并实时跟踪。家族办公室为冯总提供了他想要的及时、专业和定制化的服务。

**2. 隔行如隔山，专业化分工形成了知识茧房，我们需要一个顾问团为家族成员提供资产管理、法律、税收、教育等各方面的服务。**

陈总兄弟5个，陈总是老大，也是这个大家族绝对的权威，家里大大小小的事情都由陈总裁断。但陈总发现他的正直和坚毅在处理家族内部事务时，有些力不从心。

陈总的父亲陈父过世后并没有留下遗嘱，陈总的几个兄弟和陈父的关系亲疏远近并不相同，照顾老人多一些的兄弟认为自己应该多分财产，其他人则认为应该均分财产。陈总为了这件事情焦头烂额了几个月，最后在自己做出牺牲，放弃大部分继承权之后，才平息了这场家族纷争。几个月后，负责家族美国业务的二弟因为对在中国及其他国家的收入未进行申报，被美国国家税务局调查。

陈总发现，他虽然是一家之主，这个庞大而复杂的家族中所有的成员都信服自己，但是在面对这些专业的问题时，"族长"的权威却没有任何用处，陈总束手无策。而且在经历了上次的遗产风波后，陈总无心也无力再处理这些事务，陈总遂委托一个联合家族办公室，帮助陈总全权处理所有家族事务。家族办公室迅速整合了中国和美国的税务、法律、移民领域的专家，统筹规划，在几个月内妥善地处理了这次的税务风波。

在陈总家族众多的对外资产投资项目中，家族办公室也开始帮助陈总进行统筹规划。家族办公室首先对陈总家族成员的投资意愿进行摸底，并对被投资对象进行尽职调查。后续联合专业审计人员，对交易的流程方法和步骤进行审计，评估交易可能产生的法律后果，了解交易可能对税收支出或储蓄产生的影响。在项目进行过程中，家族办公室也全程监督完成交易后的行政管理任务，以及文件归档等工作。

家族办公室后续还对陈总家族进行了进一步的了解，针对家族情况制订了家族财富传承、婚姻风险防范、全球资产配置、家族二代培养等方面的一体性规划。当一些投资顾问、税务顾问、法律顾问、股权顾问等站在自己的立场，为了维护自身的权益而坚持己方观点，无法形成一致意见时，家族办公室总能在第一时间站出来，站在家族的角度，从最有利于家族的角度出发，在众多意见中进行甄选筛查。家族办公室既是最好的执行者，也是最好的监督员。

所有的规划在经过陈总确认后，家族办公室就开始拟定各类法律文件并组织家庭成员开会表决。制度形成后，家族办公室会对所有方案进行长期的监督跟踪和落实。

**3. 家庭成员众多，家族没有凝聚力，没有合适的家族接班人，我们需要一个既能引领又能执行的家族"智者"。**

卫总有3个儿子，6个孙子女，这是个外人看起来美满幸福的大家族。但是卫总生性刚毅，早年又忙于事业，所以和晚辈们的关系都不太亲近。逢年过节，家里冷冷清清，卫总经常在偌大的办公室里一个人过节。卫总的几个孩子都有各自独立的事业，并没有接手卫总公司的想法，卫总也觉得自己挑不出一个合适的接班人。卫总在事业上虽然很成功，却觉得人生很失败。

卫总希望能找到可以信任的，有方法能把家族再次凝聚起来的第三方，同时能够在现有的学校教育之外，培养孩子的眼界和格局，让他们成为家族的接班人。

卫总的这些想法都可以通过家族办公室来实现。第一，家族办公室会在卫总及家人的参与下，起草家族宪章，作为家族成员的行为准则，并会制订一些家族议事规则，确定对于哪些重大的事项，需要家族成员进行讨论；第二，家族办公室可以成立慈善信托或慈善基金会，以"爱"的名义把家族成员聚集起来，亲身参与或者策划一些公益活动。这些活动会在增强家族凝聚力的同时，帮助家族成员培养众多的优秀品质；第三，家族办公室会经常组织一些家族活动，内容包括游艇会、沙漠挑战、哲学、法律、经济等各类知识的学习，以及进行最新科技信息的普及；第四，对于家族的三代们，家族办公室会针对不同的孩子拟定不同的培养方案，发挥他们的特长，培养他们的国际视野，通过游学、参访、项目实战的方式，培养家族未来的接班人。

成立家族办公室的原因不一而足，当巨额财富在一个家庭迅速积累的同时，也就意味着家庭纠纷产生的可能性大大提高。当家族成员之间因为争夺遗产，离婚分割财产，或者家族企业的利益被第三方侵害时，家族办公室将第一时间冲锋陷阵，化解家庭矛盾，守护家族利益。家族办公室所具有的统筹规划能力是其他组织无法媲美的，你可以把家族办公室当作家族最好的守门员和队长，它是家族的成员之一，是家人一样的存在。

## 第三节 ｜ 家族办公室之顶配服务

从前文所述的家族办公室的设立原因出发，本节来谈一谈家族办公室应该为家族提供哪些服务。

**财富管理**

财富管理是家族办公室需要向家族提供的最主要的服务。家族办公室需要结合客户的意愿及风险偏好，对客户的资产进行全球化配置。家族办公室可能运用的工具包括保险、信托、股票、私募、基金、艺术品投资等各类金融工具。而要想进行这种高度专业化的财富管理，就要求家族办公室必须进行相关领域的人才储备。所以很多国外的家族办公室都是华尔街的投行专家在帮助他们的超高净值客户进行实际运作。

**法税服务**

财富传承、婚姻风险、企业税筹，这可能是很多家族接触家族办公室的门户类服务。特别是在国内，这种现象非常普遍。所以与国外市场略有不同的是，国内很多家族办公室的发起者都是律师。例如笔者所在的律师事务所，在为客户解决一个婚姻或继承法律问题的同时，会发现客户的整个家族存在着更多的风险，而如果律师只把救济手段放在后端诉讼，用这种撕裂的方式解决矛盾，可能并不一定是最优解。"疾在腠理，汤熨之所及也"，如果能够在危险来临之前就帮助客户排忧解难，用微创的方法根除毒瘤，既节约了社会资源，也让客户的利益实现了最大化。笔者相信这也是很多人创立家族办公室的初心。

法律服务具体包括家事诉讼、家事调解、遗嘱服务、婚恋指导、家庭教育、家风建设、涉外家事等全方位的服务。税务服务是以税务合规和合理节税为目的进行整体资产安排、税务筹划、企业投资并购的税务筹划架构搭建等。

## 海外布局和二代教育

海外布局和精英教育虽然不是家族办公室的核心业务，但却恰恰可能是客户最关心的，每个客户都会遇到的问题。对于有着雄厚实力的超高净值家庭来说，资产的全球布局、资产风险转移、移民或身份规划是必选项。而二代教育则是每个父母永恒的难题，尤其是对于一个大家族来说，家族传承问题是企业长青和家业延续的基石。作为与家族走得最近、最专业的群体，家族办公室对于企业二代接班人的培养问题义不容辞。合格的家族办公室应该从孩子还未出生就开始规划，在后续的章节中笔者对这个问题有更详细的介绍。但二代教育绝对不等于留学规划。合格的二代教育应该包括对眼界、格局、心灵、思维方式的教育，让二代真正成为胸怀天下的领袖，这也是笔者所在的家族办公室一直在深耕的领域。

## 家族精神

家族精神一直是国外家族办公室很重视的服务内容，有些我们耳熟能详的超级家族甚至把家族精神的传承作为家族办公室的首要任务，其他所有的工作内容都要围绕家族精神的传承这个主线展开。传承家族精神的具体方法包括订立家族宪章、梳理家史、家族游学、家族议事、家族慈善等。近年来国内开始兴起的慈善信托也意味着国内的家族开始把视线从财富管理转移到家族精神传承的方向上来，通俗来说就是从以前的以家族物质文明建设为核心，转移到以家族精神文明建设为核心的轨道上来。笔者也很乐见这种现象的出现，并也在尽绵薄之力，为慈善信托的宣导和设立添砖加瓦。

**🌊 典型案例**

　　黑川光治是一家最知名、最传奇的日本糕点品牌——虎屋（Toraya）的第 18 代领导人，他的父亲黑川光博（Mitsuhiro Kurokawa）领导了公司三十年。在全球最古老家族企业排行榜中，虎屋可以称得上是百年老店中的老店。虎屋于 16 世纪初在京都成立，后成为日本朝廷的供应商，至今已有近 500 年历史。在五个世纪漫长的历史中，任由日本社会动荡和演变，虎屋不仅顽强地生存了下来，而且还在持续地蓬勃发展。

　　去过虎屋店的人，常常被那些集味、嗅、触、视、听"五感艺术"于一身的甜品而吸引，其实，这仅仅是虎屋精神的外在表现，更重要的是其作为内核的精神部分，这个精神内核可以外化为"如何经营人心"。虎屋的掌舵者们一直在身体力行地践行着，不管做什么都是在经营人的心，在企业价值观、制度及企业文化等方方面面都可以看到这一原则的体现。

　　在客户经营上，虎屋将"下策留住钱，中策留住店，上策留住顾客的心"视为经营之道。虎屋第 17 代传人黑川光博曾经说过："重要的不是过去，甚至不是未来，而是现在。归根结底，要做的事情就是制作客户喜欢的糕点。"黑川光博曾经花费 30 000 日元从东京飞往福冈，只为将一包价值 1 500 日元的糕点送给一位客户，因为此前该客户的糕点中少了 500 日元的相应产品。

　　在企业管理上，虎屋相信，拥有专业技能的个人需要有机地团结在一起，成为一个团队，才能高效地工作，实现他们的目标。黑川光博强调，必须将公司视为成熟的个体，而不仅仅是一个"大块"。当每个人变得更强大、团结一致、毫不妥协时，一家公司就会变得强大。虎屋有很多管理原则，比如：必须在每天早上 6 点清扫店面；童叟无欺，男女无别，谦卑礼貌对待每位顾客；制度透明，下级不包庇上级等。虎屋专注于人力资源开发，以让个人得到个性化的成长。自 1976 年以来，该公司就确立了工资的性别平等制度，这在当年的日本非常不易。虎屋还在2000 年发起了一项促进育儿假的方案，让男性员工也可以享受育儿假。

虎屋总公司有近 100 名在公司工作了 30 多年的员工，占虎屋员工总数的 10%。如果没有以培养和培训员工为基础的结构，就不会存在这样为公司长期服务的员工。

虎屋在恪守使命，传承企业文化精神的同时，不断地创新，时刻做好迎接挑战的准备。正是这一丰富而珍贵的历史和精神内核，让虎屋得以繁荣近 500 年。

## 家族事务

家族事务包括为家族成员进行定期的体检、开通绿色就医通道、开展日常文娱活动等。家族事务对于家族办公室来说技术难度不高，但是要求家族办公室有强大的资源整合能力。这些服务可能比较细琐，也可以聘请第三方服务商提供服务。国内目前也已经有很成熟的供应商可供选择。从球星签名的球衣、游艇生日派对、到明星演出的 VIP 门票等，只要是客户需要的，他们就都有办法实现，这确实是个令人眼前一亮的领域。图 1-1 展示了家族办公室的基本职能。

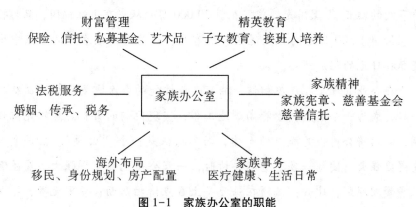

**图 1-1　家族办公室的职能**

## 第四节 | 家族办公室之百家争鸣

### 单一家族办公室和联合家族办公室

家族办公室最常见的分类是按照服务客户的数量，分为单一家族办公室（Single Family Office，SFO）和联合家族办公室（Multi Family Office，MFO，也称多家族办公室）。对单一家族办公室的定义和解释，从清晰度的角度考虑，新加坡金融管理局（MAS）的定义更加言简意赅。MAS 将单一家族办公室定义为"一个为单一家族管理资产而同时由其家族成员完全持有或控制的单位"。联合家族办公室即同时为多个家族提供服务的机构，且因为大多数联合家族办公室的主营业务是为客户提供资产管理类服务，故在境外通常将联合家族办公室列为金融机构，需要受到相应法律法规的约束，准入的门槛较高。

家族办公室的运营也需要一定的成本，故对于资产较多的家族，可能偏向于成立单一家族办公室。但对于资产规模相对较小的家族来说，加入一个已有的联合家族办公室则更合适。单一家族办公室和联合家族办公室并不会保持一成不变的模式，一些单一家族办公室在运营成熟之后，也会为其他家族提供服务，变为联合家族办公室。而一些联合家族办公室也会和一些资产规模较大的客户共同设立一个只为该家族服务的单一家族办公室。表 1-1 对单一家族办公室和联合家族办公室各自的优势和弱势进行了对比分析，可以作为设立家族办公室的参考。

表 1-1    单一家族办公室和联合家族办公室对比表

|  | 单一家族办公室 | 联合家族办公室 |
|---|---|---|
| 优势 | • 以某一家族的利益为核心<br>• 家族办公室可以提供针对家族的更加定制化、专门化的服务<br>• 家族办公室能更好地保护家族的隐私<br>• 家族对家族办公室的控制能力更强<br>• 家族办公室是家族的一分子，与家族成员的关系非常紧密 | • 家族办公室资产管理规模更大，可以更好地平衡投资风险<br>• 多个家族共同分担家族办公室运营成本<br>• 家族办公室能提供涵盖多领域的综合性的服务<br>• 家族办公室资源链接更广泛，可以为家族提供行业信息和合作机会<br>• 家族办公室人员配置更高端，可以为家族提供一流的服务<br>• 家族办公室体系开放，能够与时俱进 |
| 弱势 | • 家族承担的运营成本过高<br>• 家族办公室无法吸引和留住高端的人才，服务能力有限<br>• 家族办公室能够提供的外部资源有限<br>• 家族办公室可能过于保守，或受到单一家族成员的影响过大，无法做出中立的判断 | • 家族办公室提供的服务无法做到定制化<br>• 家族办公室与家族的链接相对不紧密，关系较为松散<br>• 家族办公室是外部的一个服务商，并不是家族的一分子<br>• 发展的规模可能过大过快，过于激进 |

**规划关键词：稳健家族的资产保值**

**家庭成员：**

- 秦总和夫人都已过古稀之年。
- 3个子女早已成家立业。
- 5个孙辈中，3个已经大学毕业并准备进入家族企业实习。

**企业运营：**

- 秦总早年出售了一家科技企业，由于赶上了风口期，秦总拿到了不菲的转让款。目前运营一家家族企业。
- 家族企业运营稳定，但碍于行业限制，企业规模只能停留在中等水平，进一步扩大的空间有限，秦总的想法是能维持现状即可。

**秦总需求：**

- 初始家族信托已经成立多年，秦总夫妇认为给子女留过多的财产并无益处，能够保证他们的基本生活即可。但秦总并不知道根据经济形势的现状和未来的估计，应该为晚辈们留下多少财产。
- 几个子女都不想参与家族企业，但秦总始终觉得直接卖掉辛苦经营十几年的企业有些可惜。
- 秦总夫妇希望能把财富规划重点放在慈善事业上，并开始向子女和孙辈灌输慈善的重要性，以激发晚辈们对慈善事业的热情。

●秦总夫妇也做了一些投资，但是不知道这些投资组合是否合理，是否会有较大的风险。另外，不知道可否从这些投资的收益中直接拿出一部分用于慈善事业。

●秦总夫妇不知道应该从可投资资产中最多拿出多少用于慈善捐赠。

**家族办公室规划要点：**

家族办公室与秦总夫妇密切合作，首先帮助秦总解决企业传承的问题。家族办公室帮助秦总物色到了合适的职业经理人，以继续运营企业。秦总运营企业的目的并不是为了盈利，更多的是一种对企业的感情，所以家族办公室的第一项重要工作是将股权激励制度引入企业，并实行了全员持股计划，开始企业的去家族化，发挥全体员工的主人翁责任感。

家族办公室的第二项重要工作就是帮助秦总家族评估投资组合，最终将可投资资产分为用于生活消费的投资组合和遗产投资组合两类，并将其均装入家族信托中，这两类资产的配比为6∶4。

（1）生活消费类投资

●家族办公室的投资顾问们深入地了解了秦总家族的生活方式和家族成员的各自需求，并进行了多次详细的长期投资组合模拟，以确定与传统投资组合不同的生活消费投资组合的适当规模。

●生活消费投资组合的预期目的是维持整个家族的日常生活和家族成员的养老现金流需求。

●根据投资组合模拟，家族办公室进一步对生活消费投资组合确定了一个合适的资产配置比例。因生活消费类的资产是家族成员的生存刚需，故对生活消费部分的投资要求并不以平衡增长为目的，其主要的目的应该是为家族成员提供稳定的现金流需求，并具备抵御通货膨胀的能力。所以，此类资产以大额保险和国外存单等固收类产品为主。

●在家族办公室的建议下，秦总进一步完善了生活消费类投资的财产分配条款：①将信托资金分配的条件限制在教育、就业、创业、结婚、生育等几类情况中；②严格排除离婚和债务可分配信托财产的情况；③受益人在没有后代的情况下，允许将相应可分得的资产捐赠给家族设立的慈善基金会。

知识加油站

### 什么是固收类产品？

固收类产品即固定收益产品，是一种理财术语。固定收益类产品投资于存款、债券、信托等更加安全、稳健的金融产品中，这些标的具有固定的利率收益和较低的风险。投资固收类产品的主要目的是避免因经济不稳定等原因遭受利率和汇率的风险。

固收类理财产品并非完全没有风险，不同标的的信用等级和市场波动都会对产品的收益率产生影响，其可能面临的风险包括政策风险、信用风险（如发行机构违约）、利率风险（如加息）、流动性风险（提前支取）等。

（2）遗产类投资

• 遗产投资组合的预期目的是拨出额外的资金用于慈善捐赠事业。

• 由于秦总夫妇希望向后代灌输慈善的重要性，并希望在他们在世时看到慈善事业在增强家族凝聚力上发挥作用，所以家族办公室的律师和注册会计师们通力合作，创建了一个慈善基金会。慈善基金会作为秦总的遗产投资组合的载体，善款分两期出资。家族办公室负责慈善基金会的日常运营，工作内容包括慈善基金会年度会议的组织和资助金处理的建议等。家族办公室会和秦总夫妇经常性地沟通，以完善他们的慈善目标，以及对如何最好地实现这些目标给出可行性的建议。二代子女们在基金会担任理事等职务。

• 对于遗产资金的投资方案，因此类资产并未与家庭成员的基本生存需求相挂钩，且资产的规模不大，所以财富的安全性并不是此类投资组合的底层逻辑，扩大此类资产的规模是主要的目标。所以，家族办公室改进了现有的投资配置，在拉长整个投资期限的同时，着重增加产品组合激进性的特征，加大了对二级市场和新能源领域私募股权的投资比例。

两年后秦总因意外离世，家族办公室按照秦总生前的遗愿继续处理家族内外大小事务。有了家族办公室的协助，秦总慈善大爱的精神会一直流淌在整个家族的血脉中。秦总将一直是整个家族的榜样，他的美好品质将在秦家子孙中代代相传。

# 第二章 中国式家族办公室

　　瑞士瑞联和胡润百富联合发布的《2022 中国式家族办公室行业发展白皮书》中，将中国式家族办公室定义为根植于中国本土且适应中国市场监管特点的家族办公室。笔者也非常赞同"中国式家族办公室"这一提法，毕竟鉴于文化、历史、制度、经济发展阶段等各方面的差异，国内的家族办公室不可能完全照搬国外家族办公室的模式。我们必须要深耕本土市场，探索出更适合中国家族企业的中国式家族办公室。

## 第一节 | 中国式家族办公室的市场环境

招商银行和贝恩公司联合发布的《2023 中国私人财富报告》显示，2022 年，可投资资产在 1 000 万人民币以上的中国高净值人群数量达 316 万人，而这一数量比 2020 年增加了约 54 万人。图 2-1 反映了中国与北美、南美、欧洲及非洲的高净值人士数量的对比，我们可以欣喜地看到中国高净值人士的数量在全球范围内也占有较高的比重。

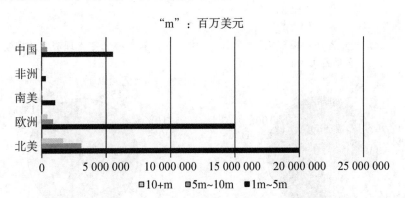

**图 2-1  中国、北美、南美、欧洲、非洲高净值人士数量对比**

资料来源：UBS, Global Wealth Databook 2023

国内高净值人士数量的存量比重很高，并且一直呈现迅猛增长的态势（见图 2-2），这也从侧面解释了近年来国内家族办公室如雨后春笋般蓬勃发展的原因。

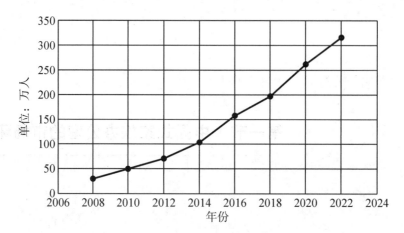

**图 2-2　国内高净值人士数量**

资料来源：招商银行《2023 中国私人财富报告》

　　尽管国内个人财富增长的势头迅猛，但实际上中国的家族办公室行业还处于非常初期的阶段。我们可以从图 2-3 中看到，家族办公室资产管理规模与家族总资产规模之间存在着巨大的差距，家族办公室的服务和普及规模与国内市场情况并不匹配，家族办公室目前处于起步阶段，未来的发展空间还很大。

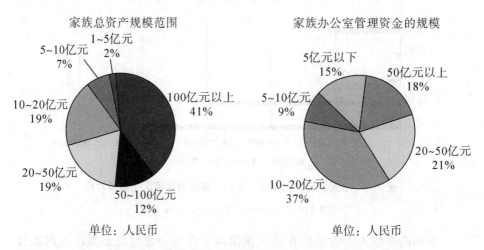

**图 2-3　2022 国内家族总资产规模范围和家族办公室管理资金的规模**

资料来源：《2022 中国家族财富与家族办公室调研报告》

　　图2-4显示，近90%的家族办公室均成立于2010年后，距今只有十余年的时间。

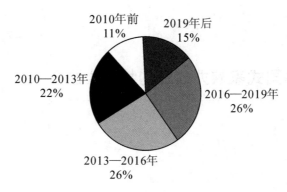

**图2-4　国内家族办公室成立时间示意图**

资料来源：清华大学五道口金融学院《中国家族办公室报告（2022）》

　　从上述数据中看到，国内家族办公室还处于非常初期的阶段，能够帮助客户解决问题的真正意义上的家族办公室并不多。国内家族办公室的历史并不长，相关人才的储备也并未形成规模。从上文高净值人士的数量和资金体量上看，可以说中国已经具备了家族办公室蓬勃发展的土壤。现在的问题是，中国的家族办公室从业人员，你们准备好了吗？

## 第二节 │ 中国式家族办公室的特殊类型

　　国内的家族办公室各有特色。有些是资源型的家族办公室，主要帮助客户对接一些上层资源，帮助客户突破圈层，在助力家族发展的同时，协助家族进行财富管理；还有些是服务型的家族办公室，主要为客户提供法律、税务、家族事务等方面的专业服务，但对于客户的其他需求，家族办公室也会整合第三方供应商，并监督其提供服务；也有一些家族办公室极具私密性，仅为一个家族服务，主要为该家族进行产业投资，帮助客户运营慈善项目等。对于这类具有私密性的家族办公室来说，品牌宣传和市场职能部门几乎被完全弱化。

　　目前，家族办公室在国内处于"百花齐放、百家争鸣"的时代，每个家族办公室都不可避免地被贴上了创始人的自身标签，而这种标签在家族办公室行业的初期阶段确实是非常奏效的宣传方式，即先壮大，再专业化。当然，如果目标是家族办公室行业的专业化，那么家族办公室行业应该也从成立之初就开始思考，并向着行业专业化和标准化的方向前进。一如中式菜可以在口味不减的情况下，实现流水线批量化生产。

## 🛡 典型案例

### 1. 投资型家族办公室

A董是国内"互联网新贵"，其公司通过海外上市，吸引了众多的投资者们，他在不到两年的时间里就获得了巨额的财富。对于A家族来说，这些财富来得过于突然，他们不知道应该如何驾驭这些财富。在与海外财团广泛接触后，A董产生了设立家族办公室以更好地对财富进行投资、使之保值增值等的想法。A董设立这种投资型家族办公室的目标是提供一个完整、协调、一致的投资管理，将家庭成员个人的一部分资金集中在选定的资产类别或直接投资上。但因为A董缺乏法律、税务等相关专业的知识，所以以A董作为创始人推动建立的该类型家族办公室往往仅以财富管理为主要目的，而较为忽略婚姻、继承、税务、家风建设、身份规划等领域的服务。A董的家族办公室并不是一个严格意义上的家族办公室，只是为A董个人理财的小团体，更像是一个被A董完全控制的精品私募股权公司或风险投资公司。在A董的授意之下，A董的家族办公室购入了大量的房地产和创业公司股权。

像A董的家族办公室一样的家族办公室在国内也占有相当一部分的比例。但此类家族办公室的一个非常致命的弱点就是，厚此薄彼，没有重视"人"的因素，而只重视"物"的因素。A董对于财富传承并不重视，所以其家族办公室也缺乏财富传承的功能，这导致A董家族后续矛盾的滋生，百年基业也可能会止步在A董手中。

### 2. 企业依附型家族办公室

B董是国内第一批到深圳闯荡的民营企业家之一。经过二十几年的发展，B董的家族企业蓬勃发展。B董的家族办公室起初设立在企业内部，只是一个门口挂着办公室牌子的小部门，需要遵守企业制订的各项规章制度。随着企业的发展，这个办公室的独立性逐渐加强，渐渐成为一个独立的法律实体，形成了更复杂的治理系统。家族办公室内部有各种治理委员会，如家族董事会、家族委员会以及基金会董事会，这些大大小小的委员会在家族决策过程中发挥着重要作用。随着B董的企业的规模不断壮大，企业有了更多的战略规划，例如走出国门、做全球规划、收购世界各地的企业等。

在企业中设置的 B 董的家族办公室的主要目的有：一是在企业重组、合并、分立、收购兼并等项目中提供法律和税收方面的建议，其主要作用是战略顾问而非统筹规划；二是在重大资产处置，例如股票收购、企业债务、银行信贷、现金流或资本充足率分析等方面提供策略和指导。对于 B 董这样庞大的家族企业来说，此类项目既频繁又重要，在项目正式落地之前都需要严格保密。

在企业内设置家族办公室可以更好地将家族财富的传承和企业的发展相结合。B 董退休后，家族企业由 B 董的儿子接班，前后两代人交接班后，家族的沟通方式和企业的战略虽然都发生了转变，但因为这个家族办公室的存在，让 B 董的家族企业可以更好地承前启后，确保了家族传承和企业交接的顺利进行。但是，此类型的家族办公室更多扮演的是专职顾问类的角色，无法承担起统筹和指挥的职能，其主动性和积极性都不强。

### 3. 辅助功能型家族办公室

C 董在业内小有成就，但对家族办公室的理解并不深刻，所以对其的需求也不是很强烈。虽然 C 董也有两个家族办公室，但是这两个家族办公室都仅处理单一的辅助工作。第一个家族办公室会处理一些文件类信息，做类似秘书和文员的工作。第二个家族办公室是以做慈善事业为目的而设立的家族办公室，C 董因为看到一些商场的朋友有这个类型的家族办公室，所以也跟风设立了一个。这种专以慈善为目的的家族办公室在国内悄然兴起，但在国外已经盛行多年，并不罕见。

10 年前文员型家族办公室并不在少数。C 董的家族成员人数众多，所签署的法律文件纷繁复杂，必须要有专门的空间存放，并由专业的人员进行管理。工作人员对文件的存放、查阅制订相应的规则，文件会标注相应的机密等级，并不是所有的家庭成员都可以查阅所有文件。近年来，纸质文件慢慢被电子文件取代，C 董家族的大部分文件都是通过云端进行传送和保存。但是 C 董的家族办公室仍然保留着保存纸质文件的传统。C 董的家族办公室可以兼顾一些简单的家族事务，例如支付家族账单、娱乐生活、纳税等，但是绝对无法胜任投资理财、资产配置等工作。

C 董的慈善家族办公室则仅从事于慈善事业，主要管理一个慈善基金会，并会兼顾处理一些传承、二代教育等事务。家族办公室会制订内部的拨款程序、审批制度等。慈善类家族办公室的侧重点对内是增强家族的凝聚力、树立正确的价值观、对二代接班人进行教育等，对外则是提升家族的影响力、履行家族的社会责任、对慈善捐赠进行监督和建议等。

在笔者的理解中，瑞士瑞联和胡润百富的《2022 中国式家族办公室行业发展白皮书》中提出要构建的"中国式家族办公室"，是具有中国特色的、适合中国文化土壤的、更符合国人价值观的一种家族办公室，一如博大精深的中国美食文化绝对不像标准化而单调的西式快餐。每个家族办公室都各有特色，他们各自美丽，各自绽放。

## 第三节 | 中国式家族办公室的运营方略

### 家族办公室的名称和形式

家族办公室会从事商业活动，涉及钱款往来，所以必须有一个实际法人主体，法人主体可以是公司、也可以是律所等。如果是公司，国内部分地区是允许公司名称中存在"家族办公室"字样的，但家族办公室的运营实体通常都采取以公司的形式命名。公司的名称大部分都是"XX咨询公司"。如此命名的原因有几点：①名称核准获批可能性大；②符合家族办公室"私密性"的要求；③降低设立门槛。部分国家是将家族办公室划分为金融机构来监管的，从而提高了家族办公室的设立要求。另外，从运营的角度来看，采用公司的形式让家族办公室的形式更加灵活。例如，如果家族办公室的原始主体是A公司，那么A公司可以再设立B公司作为单一家族办公室。A公司的上面也可以再搭建有限合伙企业，作为A公司的持股平台，具体持股方式如图2-5所示。

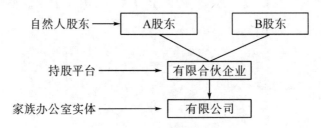

**图2-5　家族办公室运营实体及持股方式示意图**

**家族办公室的远景、使命与价值观**

一个家族办公室必须要有远景、使命和价值观，其可以简单理解为创立家族办公室的"初心"。这既是对所有创始人的鞭策，也是对家族办公室员工的指引，更是一个非常好的树立和打造家族办公室的对外宣传口号，甚至可以把远景、使命和价值观理解为一份迷你版本的商业计划书，一个家族办公室想要做什么、精神内核、未来的目标等都寓于其中。远景、使命和价值观字数不宜过多，否则会给用户带来记忆障碍，也会显得杂乱且不聚焦，不利于指引工作方向。尤其对于联合家族办公室，远景、使命和价值观非常重要，联合家族办公室在对外的宣传推广中会经常使用它们，所以确定远景、使命和价值观一定要慎重，并将其作为家族办公室的投资和运营的指导方针。

**家族办公室的架构**

家族办公室的组织结构并不复杂，这是因为家族事务的处理方式与纯商业运营主体的不同。家族办公室具有私密化、定制化和以财富守护为主的特性，即使管理的是数十亿的财产，投资团队的人数也只需十几个，没有必要组建一个庞大的百人团队。所以，尽管家族办公室只是一个小团队，家族办公室的从业者也必须具备超群的能力，能够独当一面。因此，专业人才的选拔对于家族办公室的成功起着决定性的作用。

虽然每个家族办公室都是独特的，但图2-6可以作为家族办公室的一个通用的模型或框架，这可能对各位读者构思家族办公室的搭建会有些帮助。当然图2-6仅是一个国内家族办公室的模型，具体的家族办公室可能更复杂也可能更简单，其复杂程度和规模取决于家族办公室所服务的家庭和其所处的阶段。

家族办公室有相对独立性，因其服务的对象是家族，所以家族办公室的顶层权力机构一定是家族成员。家族大会是全部家族成员组成的，这是整个家族和家族办公室的最高权力机构，与家族相关的最重要的决策都应该由家族大会讨论得出。家族理事会是家族大会的常设机构，一般由家族中的重要成员和部分外聘专家组成，直接领导家族办公室。家族办公室中应设董事会，负责家族办公室具体事务的运营，董事会中可以有家族的成员，但一定会包括家族办公室的负责人。家族办公室委员会不是必设部门，部分委员会的职能也可以由家族办公室董事会代为行使，但对于一个庞大的家族来说，家族办公室委员会应该是必选项，委员会下面可以根据需要设立各类专业委员会，其相当于一个项目组。职能部门是具体的执行部门，负责落实经过家族办公室董事会或者委员会通过的决策。规模较大的家族办公室还需要有行政、人事、财务等部门，其中多家族办公室还应该有市场和品牌宣传人员，主要负责业务的推广。

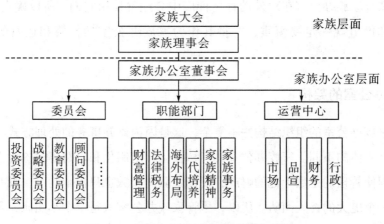

图 2-6　家族办公室组织服务架构示意图

### 家族办公室人员配置

对于从零起步的家族办公室来说，人员配置不能"大而全"，"小而美"是最优解。根据花旗私人银行《2023 年全球家族办公室调查报告》[①] 显示，受访的全球近 300 个典型的家族办公室中，超过半数的家族办公室仅有不到 7 名员工。家族办公室目标客户群体是超高净值人士，而对这类客户的开拓是需要时间沉淀的，所以一定要做好打持久战的准备，人员尽量精简。有一个相对固定的核心团队，任命一个在专业和品德上都经得起考验的人为首席

---

① 见 https://www.privatebank.citibank.com/sc/insights/the-family-office-survey.

执行官。首席执行官也应作为运营和投资决策的关键执行官。成立一个多元化的咨询委员会和投资委员会，制订运作决策，并帮助监督家族办公室内的治理问题。行政、人事、后勤都可以整合成一个部门，销售、市场和客服也可以在一起办公，其余的服务如果可以资源整合，也可以考虑外包的形式。

关于谁来作为家族办公室负责人的问题，受访者存在不同的观点。一些业内人士认为家族办公室需要由家族成员来领导，而另一些受访者则倾向于由非家族成员的专业人士来领导。国内的家族成员中，由于此前并没有重视财富管理专业人才的培养，所以聘请专家作为首席执行官的情况较多一些。另外，家族的规模越大，家族办公室的首席执行官就越有可能由非家族成员的职业经理人担任。相反，对于小型家族办公室来说，半数的首席执行官都是家族成员。家族办公室的总裁通常由创一代或二代担任，这些人大多是富有魅力的家族领袖，具有广泛的影响力和良好的人际关系处理能力，能够让更广泛的家族成员参与进来，并通过家族办公室来管理家族成员和家族财富。顾问类的角色基本上都是由非家族成员来担任。

笔者在与很多大家族的二代的接触过程中发现，国内很多家族都倾向于挑选家族年轻的二代，或者三代去系统地学习专业的家族办公室知识。这既说明国内大型家族的崛起，也说明他们对于现代化的、先进的家族管理理念持包容和接纳的心态。事实上，家族成员在家族办公室的人才管理中发挥着越来越关键的作用，笔者采访的几家家族办公室都是由一位或多位家族成员领导的。一些家族成员担任首席执行官、总裁或董事长，另一些则担任首席信息官或家族联络员、协调员、家族理事会主席或顾问。在某些家族中，优秀的领导者会凭借技术技能、经验和抱负在家族办公室中发挥重要的作用。

家族办公室中最宝贵的资产是为家族工作的专业人员。家族需要技术娴熟、经验丰富、值得信赖并能为家族谋取最大利益的专业人士。家族办公室的关键管理人员需要随着家族的发展和壮大而培养和发展，这样才能为家族办公室储备足够多的人才。发掘最优秀的人才不仅需要关注合适的技能组合，还需要关注其与家族的契合度、专业经验，并制订相应的奖励制度和能够留存人才的薪酬体系。家族办公室的高管最好成为值得信赖的顾问、导师、守门人、保护者和领导者，同时也是家族长期的忠实员工。家族办公室必须建立一种结构，以便让员工在明确的指导、期望和能力衡量标准下，提升他们在家族办公室的服务能力，同时获得个人的成功。这就要求家族办公室确定个人的岗位职责，为他们的角色设定绩效指标，并给予相应的激励。

目前来说，人才的匮乏是国内家族办公室面临的普遍问题。国内的家族办公室普遍还在发展初期，大家族们对于家族办公室的认识和了解程度还不够深，所以国内家族办公室中人与人之间的信任是放在第一位的。而这也形成了很多国内的保险公司涉足家族办公室领域，并且取得不俗成绩的情况。原因即在于，在过去的几十年中，国内超高净值人士特别是非东部沿海地区的富裕阶层，身边能够接触到的金融行业从业人员可能只有保险代理人。而非常专业的、能成为通才的保险代理人确实也是理想的组成家族办公室的人选，毕竟他们对于保险——这个金融理财工具上的明珠——认知的程度比其他行业都更深，而保险也是非常好的财富传承的工具。天时地利人和，造就了中国保险代理人从事家族办公室行业的肥沃土壤，相信他们是未来中国家族办公室成长中不可或缺的中坚力量。

**家族办公室的制度**

家族办公室应该制订关于如何在办公室内开展日常活动的运营计划，并将每个关键绩效指标和关键流程进行记录，以确保家族办公室的正常运作；制订财务控制计划，防止挪用公款、越级投资和策略偏移；拟定治理对策，其中应该包括人事任免制度、投资决策权属划分、利益冲突原则处理，以及家族成员和家族办公室工作人员的道德义务等；为投资策略、全球资产配置以及企业经营相关的法律政策进行汇编，并开展全员培训；规划企业投并购及对交易实体进行审查的流程，以确保如果一个家族成员破产或被起诉，不会影响整个家族；制订针对死亡、灾难、离婚等的应急计划；确定家族办公室的解散或家族目标价值观更改的决策方式等。

**家族办公室的利润分配**

家族办公室处理的问题大而全，这就决定了家族办公室势必要寻找外部的合作伙伴。但是合作伙伴的管理，特别是利润分配是敏感而复杂的。在家族办公室创业初期，盈利不够理想，必须要凭借创始人的人脉来解决市场和营销的问题，这一阶段几乎谈不上利润分配。但是需要在这个阶段就把利润分配的规则说清，一方面是家族办公室正规化的要求，另一方面也是对合作伙伴的激励。在制定利润分配规则时，家族办公室创始人们需要考虑到自己的运营成本，以及税负成本，在此基础上按照合作伙伴的贡献大小分配利润。

　　家族办公室中家族成员高管的报酬问题，每个家族处理的方式都不太相同。根据年龄、经验、技术专长以及在家族办公室或家族企业中的角色，家族成员的薪酬差别很大。此外，家族成员的报酬往往低于非家族成员的报酬，有些家族成员实际上宁愿不拿工资，特别是那些资深的家族成员，因为他们认为自己有义务和责任为子孙后代监督、保护和管理财富。实际上，对于缺乏财富咨询经验，或者仅有商业背景的家族成员，确实无法为家族办公室做出太多的贡献。而如果家族不能就家族成员在家族办公室中的价值和报酬拟订合理的认定标准，那么家族成员的薪酬差异可能会滋生严重的矛盾。在考虑这些家族成员的薪酬时，要意识到他们既是家族成员，是家人，又为整个家族提供服务。在看到家族因为他们的努力工作而变得更加兴旺时，他们的成就感和喜悦感应该会比其他人更加深刻，因为只有这些人才知道家族办公室的成功对他们的日常生活有着多么重要的影响。因此在制订薪酬体系时不能完全照搬商业化的标准中职业经理人的薪酬标准，各家族成员在家族中的地位、个人能力、家族其他事务的投入程度等各种个性化的因素也必须进行考量。

## 家族办公室的市场开拓

　　市场开拓是多家族办公室关乎生死存亡的重要任务，单一家族办公室很少会面临此类问题，但是随着单一家族办公室发展的规模越来越大，未来其也可能为其他家族提供服务，同样会面临市场开拓、客户维护的课题。图2-7显示了家族办公室获客渠道的相关情况。我们可以看到：在国内家族办公室的顾客来源中，创始人以往的人脉资源仍然占有很大的比例。国内的家族办公室是典型的"人情"社会，抛却"信任"，任何成交都是不可能的。这也就意味着家族办公室的营销没有必要向客户端发力。

依笔者的经验来看，高品质的线下私董会和主题沙龙是家族办公室拓客性价比非常高的途径。在客户心目中树立"老师"和"专家"的形象，可以增加信任感。这就要求家族办公室有相关领域的专家，并且该专家必须擅长"讲课"。家族办公室最好在法律、税务、留学、医疗等各个领域找到较擅长讲课的专家，并与其长期合作。举办各类论坛也是打造家族办公室形象很好的方法，但是投入的成本可能有些高。

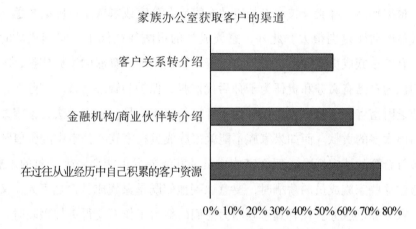

图 2-7　家族办公室获客渠道示意图

资料来源：《2022 中国式家族办公室行业发展白皮书》

## 家族办公室的设立门槛

有多少资产才需要成立一个家族办公室呢？从国外的数据来看，几十年前，大概在 5 千万美元到 2.5 亿美元不等。近年来，国外家族办公室的规模大概在 5 亿美元到 10 亿美元不等，单一家族理财办公室的平均规模约为 6 亿美元。门槛上扬的原因主要是不确定的大环境，再加上较低的市场回报率，导致投资回报停滞或下降，而与此同时管理费用、监管和合规成本却在不断增加。

据笔者了解，许多国内的家族办公室管理的规模也有在 5 000 万至 2 亿人民币之间的。实际上，国内外家族办公室的规模各不相同，就像雪花一样，没有两个家族办公室是相似的。

**规划关键词：再婚家庭风险预防**

**家庭情况：**

• 张总，非遗传承人，生育了大儿子和二女儿的张总原配妻子因病离世。

• 两个孩子尚未成年，现与外婆共同生活。

• 张总与 21 岁的刘女士结识，尚未领取结婚证，非婚生育的张小宝刚刚出生。

**资产安排：**

• 张总曾经立下公证遗嘱一份，自己名下除股权外的不动产（房产、商铺）、动产（存款、现金、车辆）均由大儿子和二女儿平等继承。

• 这几年公司运营情况不太好，张总变卖了很多自己的资产贴补公司。

• 张总计划在张小宝满月时另立一份公证遗嘱，重新分配资产。

**纠纷发生：**

• 张总酒后驾车，发生交通事故，当场身亡。

• 外婆代表两个未成年的孩子向法院提起了诉讼，要求按照此前订立的公证遗嘱继承张总的全部遗产。

• 外婆向法院申请诉讼保全，冻结了刘女士的信用卡，以及包括公司股权在内的张总的所有遗产。

- 刘女士失去了所有的生活来源。

- 张总公司其余股东以公司连年亏损为由，拒绝向张总的法定继承人分配任何财产，并要求张总的几个法定代表人承担公司债务。

**案件结果：**

- 公证遗嘱真实有效，遗嘱中所提到的张总的不动产和动产由大儿子和二女儿所有，每人分得 50%。

- 刘女士与张总并未办理结婚登记，刘女士无权以配偶身份主张分割张总的任何遗产。

- 张总生前所持公司股权由张总的三个孩子平均继承，每人各继承 1/3。

- 公司剩余股东们以极低的价格从张总的法定继承人手中收购了原属张总的股权。

**案情分析：**

- 张总通过订立合法有效的遗嘱，将自己名下的动产和不动产指定由自己的大儿子和二女儿继承。故而，刘女士和小儿子对前述财产不享有继承权。

- 对于遗嘱中未约定的股权等剩余财产，应该由张总的法定继承人，即 3 名子女平均继承。

- 张总与刘女士未办理结婚登记，故刘女士与张总只构成同居关系，并不是法律认可的夫妻或配偶关系。所以刘女士无权受到夫妻财产共同制的保护，无法以配偶的身份成为法定继承人，无权主张分割张总的任何遗产。

- 自然人股东死亡后，其合法继承人可以继承股东资格。依据法律规定，张总的三个孩子虽然可以继承张总在公司的股份，但是因为股权本身的复杂性，决定了本案中股权并不是一种理想的财富传承形式。

- 股权所代表的公司利益并不是确定的，而是时时刻刻变动着的。加之公司的实际控制权旁落他人，对于和刘女士一样不懂公司经营的继承人来说，股权作为遗产的实际意义并不大。

- 张总两段感情都生育了子女，但是对第二段感情没有做任何的规划，没有风险意识，导致自己大部分财产都与刘女士和尚在襁褓中的小儿子无缘。而刘女士年纪轻轻，心智和能力都不够成熟，自己独立生存都有一定困难，又要独自扶养孩子，在失去了几乎所有的遗产继承机会后，未来的生活将异常艰难。

---

**知识加油站**

### 同居关系和夫妻关系有何不同？

第一，同居关系不受法律保护，破坏同居关系并不需要承担任何法律责任；夫妻关系受法律保护，破坏夫妻关系需要承担相关的法律责任，甚至可能被追究刑事责任（如，重婚罪）。

第二，同居双方没有互相扶养的义务；夫妻有相互扶养的义务。需要扶养的一方，在另一方不履行扶养义务时，有要求其给付扶养费的权利。

第三，同居期间的财产是一般共有，同居关系解除时，同居期间所获财产的分割会按照一般共有的原则进行，即如果有证据证明为一方所有的，则应属于该方个人财产，无法证明的才视为共同共有；夫妻在婚姻关系存续期间获得的财产为共同共有财产，夫妻不分份额地共同拥有共有财产，夫妻对共同财产，有平等的处理权。

第四，同居双方不是对方的法定继承人。如果一方将自己的财产赠与同居的对方，属于"遗赠"（详见本书第七章），需要遵循特殊的法定程序；夫妻双方互为第一顺序法定继承人。

---

**筹划建议：**

（1）法律工具

• 张总可以通过生前赠与的方式将部分财产分别给到自己的三个子女。

• 刘女士可以同张总签署婚前财产协议，张总可以在协议中将部分财产赠与给刘女士。

• 对于类似张总这样家庭关系比较复杂的家庭，建议及时更新遗嘱，避免家人发生遗产纠纷。

• 张总握有公司大量的股权，但是并没有合适的继承人，对于这种情况，应尽量避免自然人持股。建议张总可以将自己持有的股权装入家族信托，成立持股平台，张总持有 1% 的股权，信托公司持有 99% 的股权，并明确信托的受益人。

（2）金融工具

• 张总是这个大家庭的顶梁柱，子女也都未成年，对于这样的家庭来说，保证家人生存的现金流要比财富的传承更为重要。因此，张总的规划中除了上文提到的遗嘱、赠与协议和持股平台之类的法律工具外，应同时考虑使用稳健类的，如保险等金融工具。因为保险的理赔金不属于遗产，也不属于夫妻双方共同财产，将来刘女士若面临纠纷，也可以维持基本的生活。

• 配置年金险，可以将张总作为投保人和被保险人，受益人指定为刘女士。张总在世时，领取的生存金可以作为刘女士和孩子的生活费。张总发生意外时，年金的身故金可以由刘女士领取，确保刘女士和孩子可以继续维持生活。

• 配置终身寿险，可以将张总作为投保人和被保险人，因刘女士和几个子女短期内都没有驾驭大笔财富的能力，故建议把终身寿险装入信托。

• 把保险的投保人直接变更为信托公司，以抵御企业债务的风险。

• 第一段婚姻的两个子女、外婆、刘女士、刘女士的孩子均可以列为信托受益人。设置信托保密条款，令各个受益人无从知晓其他受益人的分配份额，以免产生纷争。

• 张总现金流并不充裕，家族信托可不放入现金，或只放入少量现金。如放入现金，则投资方向应以稳健性的投资产品为主，以保值为目标。

# 第二部分

# 家族办公室的金融工具

◎ 家族办公室的地基——保险

◎ 家族办公室的中流砥柱——信托

◎ 家族办公室的金手指——资产配置

# 第三章 家族办公室的地基——保险

　　家族办公室资产配置的逻辑是：先保障，后资产配置。科学完善的资产配置方案离不开投资和保险两大功能。投资和保险无法相互替代，比如投资可以制造回报，但却无法解决保障问题；保险可以防范风险，然而却很难解决收益问题。只有二者相互配合，才能提高资产配置抗冲击的潜在能力。

# 三代人的保险基石

赵总在 20 世纪就开始做保健食品。凭着敏锐的商业嗅觉，赵总将公司做得风生水起，在保健食品市场占据着不小的份额。创业 15 年后，赵总将公司卖给了一家 500 强公司。突如其来的巨额财富，让赵总及家人欣喜的同时，居然还带来了真实的烦恼，他完全不知道应该怎么管理这么一大笔钱，为此交了很多学费。赵总也成立过一个由家庭成员组成的投资办公室，并进行了一些初步的财富规划，然而投资成绩并不理想，巨额亏损的阴霾笼罩着这个财富新贵，让家族成员之间的关系前所未有的紧张，他们很怕又回到那个艰苦的创业时期。赵总随之叫停了所有投资，并召开了家族会议。

赵总决定设立一个家族办公室。赵总认为，为家族服务的家族办公室不应该只有投资属性，更应该具备资产保值和资源整合的功能。家族成员一致同意设立一个提供全方位服务的家族办公室。经过多轮的沟通，家族办公室最终确定了几个重要的目标和方向：一是确定了现阶段采取较为激进的投资策略，并据此制订了如何管理家族流动资金的服务计划；二是充分发挥金钱的作用，赵总认为钱应该为人服务，他希望能够通过家族办公室为慈善事业做一些贡献（运营两个慈善基金会），并为家族成员提供一些娱乐项目（礼宾、娱乐等）；三是打好坚实的防御基础，如果投资遭遇滑铁卢，那么他们必须留下充足的现金流以保障家人的基本生存需求。针对第三项，赵总家族根据每个家人的情况，制订了一个现金池计划，这个计划中最重要的底层资产就是配置年金险，确保无论出现任何情况，家庭成员都能够从容地生活。

10 年后，赵总卸任了家族办公室董事会主席的职务，由其二儿子继任。第二代继任者刚上任就遭遇了经济危机，家族被迫转向更加稳健和保守投资策略。二代继任者大幅提高了保险等稳健类资产在家族资产中的比例。二代继任者设立了投资委员会，对于投资顾问们的提案采取了更加谨慎的态度。家族办公室新设客户服务小组，为每个家族分支进行定制化的规划，并严格控制家庭消费支出的种类。

时光飞逝，第二代继任者的孩子陆续出生，三世同堂。第一代和第二代的很多想法非常相似，而第三代对世界的思考方式以及对价值的认知方式截然不同。第三代家族成员具有更高的眼界，他们更渴望走出去，与国际接轨，让自己的家族在世界上占有一席之地。家族办公室充分地意识到了这一点，采取双管齐下的方针，在采取更为激进的投资策略的同时，进一步增加保险在整个家族资产配置中的比例。其用意在于给第三代提供无后顾之忧的生活，让他们有了放手一搏的底气。这一项举措也给了家族成员足够的安全感，让第三代的开拓者们有底气走出去，从事一些风险更大的海外投资，眼界和格局都有了质的提升。

我们可以清晰地看到，整个家族在三代人、三个不同阶段的财富管理中，无论是创业阶段、遭遇经济危机时期，还是在壮大家族规模时期，均逐步增加了保险的配置比例。无独有偶，这几乎是所有家族办公室共同的特征，即随着家族不断的壮大，家族财富的不断积累，对于家庭成员的保护也愈来愈完善。其背后的逻辑很简单——没有后顾之忧才能勇往直前。而这种不顾一切的拼搏所产生出来的巨大能量又可以反哺家族资金池，让投资和保险相辅相成，形成正向循环。

## 第一节 | 金融明珠——人寿保险

在确定性收益资产收益率降低、不确定收益资产风险上升的今天，保险是增强家庭与企业经济韧性的重要工具。在一个专业的家族办公室中，如果没有适当比例的保险，就不能称之为一个科学、稳健的资产配置计划。合理有效地规划使用保险这一金融产品和工具，就可以在未来确保有确定的资金满足家族大额资金支出的需求，有效地克服资产配置的双不确定性（投资盈亏不确定和盈利时间不确定）难题。

接下来，笔者将以保险的法律属性为出发点为读者详解保险这个金融理财工具上最耀眼的"明珠"的魅力。

### 保险的法律属性

对于家族办公室来说，保险最重要的属性不是它的金融属性，而是它的法律属性。我们以家族办公室经常会配置的年金险和终身寿险为例进行说明。

1. 刚性兑付

保险的刚性兑付是人寿保险一个非常重要的特性。这种特性通过两个法律制度加以保障。第一个法律规定是《中华人民共和国保险法（2015 年修正）》第九十二条："经营有人寿保险业务的保险公司被依法撤销或者被依法宣告破产的，其持有的人寿保险合同及责任准备金，必须转让给其他经营有人寿保险业务的保险公司；不能同其他保险公司达成转让协议的，由国务院保险监督管理机构指定经营有人寿保险业务的保险公司接受转让。转让或者由国务院保险监督管理机构指定接受转让前款规定的人寿保险合同及责任准备金的，应当维护被保险人、受益人的合法权益。"第二个法律规定是2022年1月1日开始施行的《关于规范金融机构资产管理业务的指导意见》。文件中要求：金融机构开展资产管理业务时，不得承诺保本保收益。出现兑付困难时，金融机构不得以任何形式垫资兑付。该文件让过去银行、信托等"保本保息""零风险"的理财产品彻底成为过去式，目前能够实现"刚性兑付"的金融产品只有国债、本息50万以内的银行存款，以及储蓄型的保险，其他金融产品都不得宣传或承诺保本保收益。

2. 杠杆放大

年金险和终身寿险都自带杠杆功能，投保人最终获得保额与其缴纳的保费之间的比例通常可以达到2~3倍。并且这个杠杆永远都只会正向放大，不会存在亏损的情况。而保险的这一特性是其他金融工具所没有的。股票、基金、私募等金融产品无法避免亏损的情况发生，而保险则永远不会有这种困扰。并且如年金险或终身寿险之类产品的杠杆普遍都在2倍以上。保险的杠杆放大加上刚性兑付两个特性，可以有效地实现财富的正向增长，为家族办公室提供最稳定的后勤保障。国内家族财富管理领域曾有一句俚语："保险让你站着是台印钞机，倒下是堆人民币。"这种说法的准确性我们暂不讨论，但是它却将保险的刚性兑付和杠杆放大两个功能做了很形象的描绘。

3. 遗嘱替代

以终身寿险为例，终身寿险的投保人可以视为立遗嘱人，受益人可以视为遗嘱继承人，而保险公司就是遗嘱执行人。当被保险人死亡时，保险公司即按照保险合同向受益人支付保险金，这个保险金可以视为是立遗嘱人的遗产。保险在可以作为遗嘱"替代"的同时，却不会存在"遗嘱无效"的情形，也不会发生继承权纠纷的诉讼，还省去了办理继承权公证的麻烦。人寿保险可以理解为投保人在生前对受益人确定的赠与，是投保人的一份遗嘱规划，也是保险公司接受托付的一项遗嘱执行。虽然与遗嘱很相似，但是保险理赔金却并不属于遗产，并且根据《第八次全国法院民事商事审判工作会议（民事部分）纪要》的规定，符合特定条件的人寿保险合同的保险金属于个人财产，而不属于夫妻双方共同财产。人寿保险也可以通过指定受益人的方式，实现定向传承，让投保人可以更便捷、更精准地按照自己的意愿分配自己的财富。投保人投保后还可以变更受益人，还可以指定受益人的份额和受益顺序。

4. 税收筹划

现阶段保险的税收筹划功能主要体现在从保险获得的生存金、分红、理赔金等不需要纳税。对于分红险来说，不只我国没有规定分红险的红利需要纳税，其他大部分的国家，例如美国、英国、新加坡等对于保险分红的收益都是不征税的。

保险另外一个潜在的税收筹划功能就是遗产税。我国内地目前还没有开征遗产税，中国香港以前征收过遗产税，但是后来被取消了。美国、韩国等国家目前仍有遗产税，并且遗产税不能直接从遗产中扣除，必须先行缴纳遗产税，然后再继承遗产。为了缴纳高昂的遗产税，整个三星家族的成员已经贷款将近 30 亿美元[①]。2023 年 7 月 3 日，国务院发展研究中心"社会和文化发展研究部"部长李建伟，在接受每日经济新闻采访的时候建议，尽快研究出台遗赠税，以弱化财富两极分化走势[②]。而金税四期的搭建又为包括遗赠税、房产税等各类新税种的出台扫清了技术上的障碍。无论遗产税是否在近期到来，如果能够通过购置终身寿险等保险产品，为下一代可能缴纳的遗产税留存好储备金。

5. 股东互保

股东互保就是同一公司的股东或其他重要人员（总经理、会计师、总工程师等）互为投保人、被保险人和受益人，以抵御股东个人身体健康风险可能给公司造成的损害。公司作为独立的法人主体，也可以参与其中作为投保人或者受益人。股东之间需要约定，股东互保的理赔金只能用于购买身故股东所持有的公司股权。

---

① 见 https://baijiahao.baidu.com/s？id＝1769954392345071864&wfr＝spider&for＝pc。

② 见 https://new.qq.com/rain/a/20230703A09FPL00。

> **■ 典型案例**
>
> 　　A公司有3名自然人股东甲、乙、丙，3位股东均在公司成立时已经实缴出资，各自出资金额为人民币400万元，300万元，300万元。B公司是A公司的竞争对手，与A公司缠斗多年，一直想要吞并A公司，但始终没有成功。
>
> 　　一天，甲与家人游玩时意外身故。甲的儿子甲子继承了父亲的股权，但乙和丙认为甲子就是个公子哥，不适合实际参与公司，提出要收购甲子的股权，但A公司今年运营情况不好，公司估值仅为500万元，因此乙和丙要求以200万元收购甲子的股权，甲子不同意，便找到B公司，B公司愿意出资400万元购买甲子的股权，B公司的小算盘是成为股东后吞并A公司，如果无法吞并，就直接关停A公司。
>
> 　　**分析：**对于本案中乙和丙的困扰，可以通过股东互保的方式解决。在A公司成立之初，甲乙丙三人就互为投保人、被保险人和受益人，保额可以根据公司的运营情况每年调整。如果甲发生意外，拿到的保险金就可以作为对甲子的补偿或者收购甲子的股权。如此就将公司股东的人身风险转嫁给了保险公司。

　　股东互保在中国大陆并不多见，但在欧美很多国家以及中国香港，股东互保是非常普遍的，这是很多企业成立之初的必选项。

　　笔者在和很多保险代理人交流的时候，谈到股东互保，很多人都认为股东之间不存在保险利益，股东互保在国内无法实现。但实际上，《中华人民共和国保险法》（以下简称《保险法》）第三十一条已经明确规定"被保险人同意投保人为其订立合同的，视为投保人对被保险人具有保险利益"，所以在国内股东互保是不存在任何法理上的障碍的。但是很多保险公司对于这种不存在亲属关系的保险，是无法录入系统的，所以在保险公司的实务操作上仍有些困难。另外，因为股东互保是一整套的计划安排，并不是一份保险合同就能解决的，还需要签署股东互保协议，以明确保险金用途，并且相应地修改公司章程。所有的文件必须要相互印证，互相补充，形成一个闭环，所以在整体操作上也有一些技术门槛。

6. 保单贷款和减保取现

很多人想要购买人寿保险，给自己和家人一份保障，但是又担心支付保费会减少现金，万一想要用钱的时候还要伸手去借。其实保险公司已经为客户考虑到了这个问题，已经购买了具有现金价值的人寿保险的投保人，如果急需用钱可以直接向保险公司申请保单贷款或者申请减保取现。贷款的额度一般为保险现金价值的 80%，放贷速度快，利率也不高。如果选择减保取现，则仍然可以继续享受剩余保费相应的利益。保单贷款和减保取现让投保人在享受保险保障的同时保留了资金的流动性，两全其美。

## 第二节│财富基石——储蓄型保险

保险有很多种类，但并不是所有的险种都会进入家族办公室的涉猎范围，仅有人寿保险是与财富管理领域相关的险种。但是我们仍然有必要为读者厘清人寿保险在保险这个大家族中的位置，以便家族办公室在进行资产配置时能迅速而准确地甄别。

我们通常讲的保险指商业保险（如图3-1所示），包括财产保险和人身保险两种。财产保险包括财产损失险（例如给房子买保险）、责任保险和信用保险。人身保险包括健康保险（例如重疾险、医疗险等）、意外伤害保险和人寿保险。其中，人寿保险包括定期寿险、分红寿险、两全寿险、万能寿险、年金保险等。

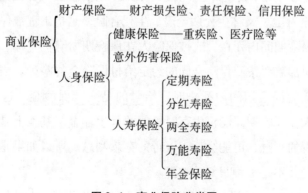

图3-1 商业保险分类图

（1）定期寿险，是指在保险合同约定的期间内（一般为 10 年、15 年或 20 年，也可以约定到 60 岁、65 岁等固定的年龄），如果被保险人死亡或全残，则保险公司按照约定的保险金额给付保险金；如果被保险人没有死亡也没有全残，则保险合同自然终止，且已交保费不退还。定期寿险的优势是可以用极低的保费（大概每年几千元）撬动高额的保额，最高可以赔到几百万元，但是定期寿险，顾名思义，是有期限限制的，并且是以被保险人死亡或全残为理赔条件，所以此类险种只能在意外发生时保障家人的生活，但是并没有财富传承的作用，尽管杠杆比例很高，但是整体理赔金额对于家族办公室的客户来说是杯水车薪，基本不会作为财富传承的工具。

（2）分红寿险，即保单持有人可以从保险公司分红的寿险。保险公司经营得越好，保单持有人能分到的就越多。分红寿险可以设计到保费返还型寿险、两全型寿险、终身寿险等险种中。保单持有人可以选择直接拿现金或者滚存在保险公司复利生息。分红多少不会写在保险合同中，只能视保险公司的经营状况而定。分红险会在前期收取较多的保费，如果保险公司运营情况好于预期，则会向保单持有人进行分红。

分红险长期以来并不受追捧，原因包括分红多少不确定、运作不够透明、杠杆率低等。但是在 2023 年下半年，储蓄型保险的预定利率严格限制在 3.5% 以后，分红险有成为"顶流"的趋势。分红险分红不确定的"劣势"，在此之后可能成为非常好的平衡客户和保险公司利益的"优势"。保险公司可以根据市场行情，每年调整给客户分红的比例，让保险公司保持竞争优势。

（3）两全寿险，又称生死两全险、生死合险，是指出现被保险人在保险合同约定的保险期间内死亡，或被保险人在保险期届满仍生存，这两种情况时，保险公司都需要按照保险合同的约定给付保险金的险种。当被保险人在保险合同约定的保险期间内死亡时，给付的是死亡保险金，这是一种赔偿金。被保险人在保险期届满仍生存时给付的是生存金，基本上是在本金的基础上增加极少的利息，可能会低于银行的存款利息。所以如果是以理财为目的，两全寿险并不是一种很好的选择。

（4）年金保险，是指在被保险人生命存续的条件下，在被保险人生存期间或保险合同届满前，在被保险人达到约定的年龄后，由保险公司定期（每年、每季度、每月等）给付保险金的保险。年金险很适合作为养老金来使用，年轻人可以在年轻的时候缴纳保费，年老之后定期领取生存金。我们通常所说的年金保险是商业型的年金险，可以归为我国养老金体系中的第三支柱。

（5）万能寿险，是 A+1 的模式。"A" 是指一个传统寿险（可以是终身寿险或年金保险等）。"1" 是指投资费用，这是一个单独的账户，主要用来投资，我们通常称之为"万能账户"。也就是说，万能寿险兼顾人身保障和投资两种功能。万能险投资由保险公司的投资专家负责，收益一般每个月公布一次，年底分配盈利，非常透明。万能寿险非常灵活，可以任意选择缴费期、缓交、停缴、补交保费。在扣除各项费用及保障成本后，投保人可以随时从保险中领取教育金、婚嫁金、创业金，也可作为养老金的储备。万能险有保底利率，在此基础上的收益由保险公司和投资人分享。因为各保险公司的投资能力并不相同，故各家保险公司万能险的收益也有所差异。

家族办公室的很多客户购买年金险时都会配置万能险。万能险一方面可以提高投资收益，另外还可以确保资金回流，作为父母给子女的嫁妆或者彩礼来使用。因为万能险的所有权属于投保人，父母作为投保人，子女作为被保险人，子女可以领取生存金，如果不领取，则生存金自动滚存到万能账户中，而父母作为万能账户的所有权人，可以在很大程度上抵御婚姻风险。

（6）终身寿险，是指在保险合同生效后，如被保险人身故或全残，则保险人就应给付合同约定的保险金。保险金可以是固定不变的，即定额终身寿，发生保险事故时，保险公司就给付这个确定的金额。也可以是不断增长的，即增额终身寿，增额终身寿的保险金会随着时间的拉长而增加复利，也就是被保险人活得越长，在发生保险事故时保险公司赔付的保险金就越多。

增额终身寿的收益率是复利，也就是通常所说的"利滚利"。这样就实现了被保险人生存的时间越久，获得的收益越大的目的。虽然增额终身寿并不像年金一样可以在固定的时间自动领取生存金，但可以通过减保取现的方式自由支取，并且减保取现没有次数限制，任何时候都可以，比年金要更加灵活。但是相比于年金险，增额终身寿的体检门槛较严格。总体来说，增额终身寿主要侧重于财富传承，主要解决的是身后事，年金则更合适作为养老金。

## 第三节 | 遭遇婚变，保险怎么办？

　　很多家族办公室成立的初衷就是解决家族中存在的婚姻和继承的法律问题。笔者就职的家族办公室中的很多客户，也都是婚姻诉讼中的当事人，而保险又是家族办公室工具箱中的常客。两个因素相互叠加，就意味着运营家族办公室不可避免地要对保险的离婚分割法律问题非常熟悉，如此才能在最初的保险配置时选择最优的方案，以在最大范围内帮助客户抵御婚姻风险。

　　对于离婚案件中分割的保险，通常是具有现金价值的保险才会予以分割。现金价值是指人寿保险单的退保金数额。在期限较长的人寿保险中保单通常都会有现金价值，如重疾险、年金险和终身寿险等。短期险如一年期的医疗险、意外险，不具有现金价值。

### 无现金价值保单离婚分不分？

　　意外险和百万医疗险都属于短期险，没有现金价值，不会涉及离婚分割的问题。但有一种比较特殊的情况，即夫妻互保问题。婚内一方作为投保人，另一方作为被保险人购买的保险，虽然在离婚之后，这类保单大部分仍然有效，不会因为双方夫妻关系的解除而导致保单无效，如果离婚后男女双方愿意继续之前的缴费模式，让保单存续，保险公司也是允许的。但是理赔结果可能未必符合投保人的意愿（详见表3-1）。

🗐 **典型案例**

　　A 女方与 B 男方结婚，婚后 A 女方与 B 男方投保了一些夫妻互保类的意外险。后双方感情不和离婚。离婚后 B 男方与 C 女方结婚。上述几位互保理赔金归属见表 3-1。

表 3-1　夫妻互保理赔金归属

| 投保人 | 被保险人 | 保单中受益人 | 保险事故 | 理赔金实际受益人 | 法律规定 |
|---|---|---|---|---|---|
| A 女方 | B 男方 | 被保险人的配偶，没有具体名字 | 离婚，男方又再婚 C 女方，后 B 男方意外身故 | A 女方 | 受益人需要根据保险合同成立时与被保险人的身份关系确定受益人 |
| B 男方 | B 男方 | 被保险人的配偶，没有具体名字 | 离婚，男方又再婚 C 女方，后 B 男方意外身故 | C 女方 | 根据保险事故发生时与被保险人的身份关系来确定受益人的范围 |
| A 女方/B 男方 | B 男方 | 指定为 A 女方，并且写明了 A 女方的姓名，以及和 B 男方是夫妻关系 | 离婚，男方又再婚 C 女方，后 B 男方意外身故 | 视为未指定受益人 | 理赔金将作为 B 男方的遗产，由 B 男方的继承人进行继承 |

　　医疗保险分为普通的百万医疗保险，还有高净值人士非常青睐的高端医疗险。通常情况下，在制订财富规划方案的时候，意外险和普通的医疗险不会在家族办公室的候选产品名单中，但是高端医疗险却是高净值客户的必选项。高端医疗险是基于医疗资源的有限性，以实现就医自由、有一个良好的就医环境、节约时间等目的，为用户提供的超高保额、不限定医疗服务、突破国家医保限制、海内外就医自由、就医直付等服务的医疗保险。高端医疗险有很多优点，但是费用比起普通的医疗保险要高出许多，动辄万元起步。

**有现金价值的保单离婚怎么分?**

　　有现金价值的保单包括重疾险和寿险这类保障期限较长的险种。对于一些在婚内用夫妻共同财产购买了有现金价值的保单的家庭，在离婚的时候需要对保单进行分割。主要的分割方式有以下三种:

　　(1) 退保，分割现金价值。如果双方在离婚时都不想继续持有保单，可以解除保险合同，选择退保。保险公司会按照保险合同的约定，将对应的现金价值退还给投保人，此时夫妻双方可以分割该现金价值。

（2）不退保，以现金价值为基准，持有保单一方给另一方现金补偿。在这种分割方式下，保单不进行退保，因为退保也会损失很多的保费，如果一方决定不退保，自己持有保单，这时就需要给对方现金补偿。补偿的基准就是离婚时保单的现金价值。如果保单是在婚后购买的，基本上需要向对方支付相当于现金价值一半的费用作为补偿。如果保单是在婚前购买，婚后继续支付的，就需要根据结婚的时间，以现金价值为基准，结合其他相关因素计算出相应的补偿标准。

（3）以保费为基准，作为投保人的一方给对方相当于已经支付保费的一半作为现金补偿。这是一种比较极端的情况，主要是针对知道要离婚，突击购买保险的这种转移夫妻共同财产行为的惩罚性措施。为了公平起见，这时可能分割的就是保费了。

> **典型案例**
>
> 女方和男方结婚多年，后感情不和，双方想要离婚，女方就在结婚前以自己为投保人和被保险人突击购买了趸交 200 万元的年金险，并且女方购买的这个年金险有一个特点，就是在前期现金价值很低，后期现金价值很高。在离婚时的现金价值只有不到 100 万元，这也就意味着，如果按照前两种分割方式，退保分割退保费（基本上等同于现金价值），或者不退保分割现金价值，男方能拿到的只有不到 50 万元，这对男方明显是不公平的，这也就意味着女方仅需要向男方支付 40 多万元，就可以保住这份价值 200 万元的财富。
>
> 案件分析：如果双方一直有购买年金的习惯，并且每年也都差不多是这个金额，那么因为其符合双方的日常消费和投资习惯，可能并不会被认定为是一种转移财产的行为。但如果双方从来都没有买过保险，那么女方在明知要和对方离婚的前提下，仍然突击购买大额保单的行为，可能会被认定为是在转移夫妻共同财产。而这时，分割的就不是现金价值了，法院很可能会做出惩罚性的分配方式，即以所交的保费 200 万元为基准，要求女方向男方进行补偿。

## 第四节 | 保险误区，如何辨识？

笔者在运营家族办公室之余，经常为银行、保险、信托公司等金融机构进行家族办公室运营的经验分享，以帮助金融机构的超高净值客户们更好地进行资产的规划和家族事务的处理。在分享的过程中，笔者发现虽然各家金融机构都会将保险产品作为底层资产，但是工作人员对于保险的理解却参差不齐，存在很多的误区。笔者接下来将几个高频的误区在此做一个简单的澄清，以作为家族办公室进行保险配置时的判断标准。

### 给孩子买的保单是否分割？

夫妻双方在离婚的时候，对于给孩子购买的保险，一般法院的处理原则是不进行分割，此类保单视为是夫妻双方对孩子的赠与，所以不予分割，这是通常的做法。但是我们绝对不能就此认定给孩子买的保单一定不分，毕竟法律并没有明确规定，各地的司法实践也并不统一。另外，笔者接触到有部分想要争取孩子抚养权的父母，离婚之前突击给孩子买保险，他们的真实想法是，既然给孩子买的保险不分，那么自己在获得孩子的抚养权后，直接退保，就可以拿到退保金了，这样也相当于拿到了本应属于对方的夫妻共同财产。但是司法的实践是，对于这种情况，<u>作为不抚养孩子的一方，可以提起离婚之后财产纠纷诉讼，要求分割这一部分的退保金</u>。另外，对于突击给孩子购买的大额的前期现金价值较低的年金险，可能也会被视为是一种转移夫妻共同财产的行为，法院可能会对转移财产的一方做出惩罚性的财产分割方案。

### 保单能"避债"吗？

对于保单是否能够"避债"这个问题，可以用一句话来概括，就是保险不能"避债"，但可以在某些情况下实现"债务隔离"。

---

**⊜ 典型案例**

**情况一**

60岁的刘先生身体一直不太好，一天和朋友打球时体力不支，意外摔倒导致颈椎严重受损，经过几天的抢救还是撒手人寰。刘先生有购买保险的习惯，多年前购买了一份终身寿险，投保人和被保险人都是刘先生，刘先生的配偶刘妻是受益人。刘先生去世后，保险公司理赔了200万元。此时，债主张某前来讨债，说刘先生生前以个人名义向他借款80万，要求刘妻用保险理赔金来抵债。

案件分析：上述终身寿险的保险合同指定了受益人是刘妻和儿子刘子，而根据相关法律规定，终身寿的保险理赔金不属于遗产，也不属于夫妻双方共同财产，故对于刘先生的债务，债主张某无权要求刘妻和刘子用该保险理赔金来还债。由此我们可以看到，刘先生的财产通过购买保险的方式成功地传承给了妻子和儿子，并且隔离了刘先生的生前债务。这就是保险的债务隔离功能。

**情况二**

在上述案例中，如果刘先生一直健在，没有因病死亡，没有发生保险事故，但因生意长期亏损，一直没钱归还债主张某的80万元，在此情况下，张某能起诉刘先生，并申请法院强制执行其购买的人寿保险吗？

虽然各地对于强制执行保单的操作程序上有所差异，但是对于保单能够被强制执行已经达成共识。也即保单是属于投保人的财产，保单也应该作为财产之一偿还投保人的对外负债。因为，此时保险事故尚未发生，保单的所有权仍然是属于投保人的，保险受益人的受益权仅仅是一项期待权。否则，如果都通过购买保险来躲避债务，这对于债权人来说是非常不公平的。保险作为财产的一种，在强制执行投保人财产的时候没有理由被特殊对待。

案件分析：从以上两个例子中我们可以清晰地理解，什么叫作保险不能"避债"，但可以进行"债务隔离"。另外还要注意，如果是把受益人指定为自己的配偶，那么以后还是有可能出现偿还夫妻双方共同债务的风险，所以最好指定自己的子女或父母为受益人，以规避婚后债务风险。

**情况三**

欠债之后购买保险。还是上面的案例，假设刘先生在借款后，为了避债而购买了100万元的保险，那么根据《中华人民共和国民法典》（以下简称《民法典》）的相关规定，张某可以请求法院撤销该份保险合同，以保障自己的债权。但是，这并不代表有了债务就不能购买保单，在合理的范围内，投保一些纯保障功能的保单，比如重疾险、意外险等，被强制执行的概率在现有的司法实践中相对较低。

## 保单架构怎么设计

保单架构设计主要就是如何安排投保人、被保险人和受益人这三种角色。进行保单架构设计的目的包括，财富的传承、债务的隔离等。其原理是投保人、被保险人和受益人的法律权利和义务不同。

投保人是与保险人订立保险合同，并按照保险合同负有支付保险费义务的人。投保人有一个非常重要的权利，就是保单的所有权属于投保人，这也就决定了投保人必须选择能够支付保费的人。因为保单的所有权属于投保人，所以负债风险很高的人不适合做投保人。被保险人是指其财产或者人身受保险合同保障，享有保险金请求权的人。被保险人就是保险的标的，通俗来讲就是最需要保护的人、最重要的人、最可能处于危险境地的人。最后是受益人，受益人又称"保险金受领人"。是指被保险人或投保人在保险合同中约定于保险事故发生时，享有保险赔偿金请求权的人，也就是保险的最终获利者。通常会选择最需要照顾的人作为受益人，同时因为受益人会最终获得保险的收益，所以受益人也需要避免选择会成为债务人的人。

以上从保单架构角度，简单介绍了保险人、被保险人和受益人的基本架构及架构原理。下面来看看具体应该如何进行保单架构设计。我们还是以终身寿险和年金险来举例说明。

1. 终身寿险的架构设计方案

终身寿险可以将父母作为投保人和被保险人，子女作为身故受益人，或者也可以设计为父母作为投保人，子女作为被保险人，父母或者孙辈作为受益人。两种操作方案如何选择，可以参照表3-2进行判断。

表3-2　两种保单架构方案对比表

| 类别 | 方案一 | 方案二 |
|---|---|---|
| 保单架构 | 父母作为投保人和被保险人，子女作为身故受益人 | 父母作为投保人，子女作为被保险人，父母或者孙辈作为受益人 |
| 保费 | 费率相对高 | 费率相对低 |
| 保单贷款 | 容易 | 需要被保险人签字，较烦琐 |
| 变更受益人 | 容易 | 需要被保险人同意，较烦琐 |
| 父母身故 | 子女获得保险理赔金 | 子女获得保单 |

2. 年金的架构设计方案

上文已经介绍了终身寿险的设计方案，年金的设计方案就容易理解了。如果说终身寿险的主要应用场景是财富传承，那么年金的主要应用场景就是保证充足的现金流，所以通常我们很推荐将年金作为嫁妆、彩礼或养老金来使用，详述如下。

图3-2是年金险架构设计的经典模式，设计思路是以父母为投保人，因为保单是投保人的财产，可以防止子女婚变导致的家族资产流失，同时将结婚的子女作为被保险人，即子女是生存金受益人，确保子女可以享受到源源不断的现金流，保障子女始终有比较好的生活条件，可以感受到来自父母源源不断的爱。死亡受益人设置为父母，如果子女发生任何意外，保险理赔金可以直接给到父母，实现了资金的可控和回流。

　　另外，对于年金险，我们推荐一定要设立一个万能账户。附加万能账户有两个作用，第一，如果子女经济状况很好，不需要领取每年的生存年金，那么生存年金就会自动滚存到万能账户中产生更多的利息。第二，因为万能账户的所有权是属于投保人的，在父母作为投保人的时候，滚存到万能账户中的资金的所有权就是属于父母的，如此便可保证家族资产不会因为子女婚变而受损。如果子女在婚姻关系存续期间定期领取生存年金，则此部分生存年金属于夫妻共同财产，在离婚的时候会进行分割。

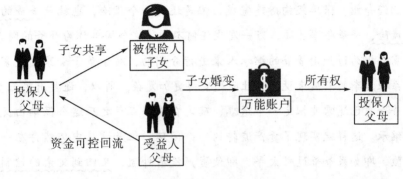

图 3-2　年金险架构设计

## 保单可以"代持"吗？

　　可能你曾经听说过"保单代持"这个概念，但是应该对股权代持更为熟悉。股权代持可能是出于隐名股东不方便出面，或者隐名股东想要减免法律责任的考量而产生的代持行为。保单代持的原因也与此类似，也是保单的实际所有人出于种种原因不方便作为显名保单所有人，或者希望通过保单代持来减免保单实际所有人的一些法律风险。

---

**📚 典型案例**

　　祖孙三代，爷爷已经退休，父亲是企业主，儿子还在上中学，父亲希望给儿子留一些资产，一来用于孩子上学，二来希望孩子将来成家立业时父亲也可以给予适当的支持，所以希望购买一些年金和教育金给儿子。但是父亲的企业经营状况时好时坏，每时每刻都像是在走钢丝，父亲个人如果做投保人，那么保单将来作为父亲的财产被抵债的可能性很大。所以父亲是不方便作为投保人的，由爷爷来作为投保人进行投保可以更好地实现风险隔离。

具体的操作方式分为以下几个步骤：第一步，父亲将保费转给爷爷，并且同爷爷签署一个附条件的赠与协议，约定这些保费只能用于购买这个保险，不能挪作他用。第二步，以爷爷的名义进行投保，确定爷爷是投保人，父亲是被保险人，孙子是受益人。这个保险架构设计的原理上文已经介绍。保单架构搭建完成，但是还有一个风险，也就是爷爷的年龄风险，爷爷年事已高，万一发生任何不测，这个保单作为爷爷的财产，是需要视为遗产由爷爷的继承人来进行分割的，对于多子女家庭或家庭关系很复杂的家庭来说，会让问题变得更加复杂。所以，还要有第三步，即爷爷自己还需要拟定一个遗嘱，确定在爷爷百年之后这个保单由父亲来继承。这样就实现了资产流转的一个闭环。但是这其中仍然存在一个风险，即如果爷爷过世太早，即便资产没有外流，又回到父亲的控制之下，但并没有起到债务隔离的效果。所以，建议上述保单可以装入保险金信托。因为信托的财产是独立于委托人和受托人的独立财产，这就从根本上实现了债务的隔离功能以及合理分配财富的目的。

**规划关键词：子女之间财富公平分配**

**家庭成员：**

- 朱总今年73岁，老伴朱太和朱总同年。二人风雨一生，创立了一个不小的商业帝国。

- 朱总有四个儿子，都已经成家生子，孙子女共5名，都已经成年。

- 朱总的姐姐一直帮朱总打理公司的财务，是朱总非常得力的好帮手，朱总非常信任她。3个月前，姐姐被查出肺癌晚期。

**企业运营情况：**

- 企业运营情况良好，朱总希望能把企业做成百年老店。

- 4个儿子都曾经在公司工作过，但目前只有2个儿子还留在公司。

- 5个孙子孙女都在公司持股。孩子们都野心勃勃，互不相让，都想能在家族占有一席之地，证明自己的能力。

**朱总需求分析：**

- 希望为子孙后代留下足够的、能够保值增值的现金流。

- 朱总早年设立了一个家族信托，由朱总姐姐担任信托监察人。但鉴于朱总姐姐目前的身体情况，已经无法胜任信托监察人的角色，而信托条款中并没有规定信托监察人继任者的问题。

- 朱总和孙辈们的投资理念有很深的隔阂，孙辈们很有主见，也非常自我，他们并不接受朱总的投资建议，双方经常就此发生分歧。孙辈们希望能够根据自己对这个世界的理解和认知，再对投资产品的风险和回报参数做出评估后，按照各自独特的偏好做出不同的投资决策，而不是整齐划一地投资某种特定的产品。

• 朱总家人有很强烈的慈善愿望。朱总在姐姐患病后，希望能把慈善项目的重点放在药物滥用问题和儿童的精神健康状况方面的研究支持上。

**规划方案要点：**

（1）企业传承

• 朱总和朱太虽已经退休，但鉴于家族成员众多，朱总和朱太仍可以在相当长的时间内拥有公司的话语权。故建议朱总和朱太仍可以个人名义持有公司的一部分股权。公司设立 AB 股模式，朱总和朱太持有有投票权的 A 股。没有投票权的 B 股平均分为四个独立的家族信托，4 个儿子的家庭各一个。家族办公室补位朱总姐姐，作为家族信托的共同监察人。

• 应用家族办公室家族企业传承路径设计八步法（见图 3-3），做好公司传承。朱总和朱太所持的股票和相应的控制权将分步骤转让给仍在公司任职的 2 个儿子，以保持公司稳定发展，并为各子女的家族信托提供源源不断的资金支持。

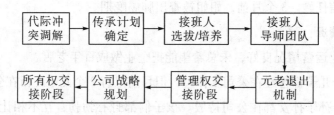

**图 3-3　家族企业传承路径设计八步法①**

（2）金融工具

四个独立的家族信托中引入先进的规划策略，除了所持有的股权之外，四个家族信托均配置具有相当大的流动性的、较为激进的投资组合产品，目标为资产的增值，其次为保值，该信托由 4 个儿子和 5 个孙子女深度参与投

---

① 见 https://www.sohu.com/a/718916573_121124568.

资和运营。

为家族办公室配置一个非常专业的投资顾问团队，帮助朱总和家族成员管理基础投资，并为董事会会议提供各种决策依据，讨论各种慈善赠款和治理问题。

• 四个独立的家族信托设置较大比例的资金用于购买终身寿险，被保险人为4个儿子，受益人为各自的孩子。朱总决定配置这些保险起初是因为要还合作伙伴的人情债，但是后来朱总发现增额终身寿险是个非常好的底层资产，所以这部分资金的配置逐年增加，并占有整个家族信托财产很大的比例。

• 朱总希望如果4个儿子真的遭遇不测，家族信托拿到了终身寿险的理赔金后，除了给孙辈们留下充足的生活教育费用，另将一部分费用转做投资，让投资顾问团队继续打理家族财富，以保证家族信托这个蓄水池有源源不断的现金流，更好地为孙辈们提供物质支持。

• 增加信托分配条款，如果子孙有滥用违禁药品等行为，将暂停分配，并设置考察条件和期限。

（3）慈善信托

• 在家族办公室下设立慈善基金会，以朱总姐姐的名字命名，慈善项目的重点放在药物滥用问题和儿童的精神健康状况方面的研究，前期由朱总姐姐作为主要的决策者，4个儿子和5个孙子女深度参与。

• 增加信托分配条款，4个儿子的子女如发生意外，没有后代的情况下，相应未分配资产将捐赠给家族办公室下的慈善基金会。

# 第四章 家族办公室的中流砥柱 ——信托

与保险一样,家族信托也是家族办公室经常使用的金融工具之一,其重要作用并不在保险之下。一个由专业人士搭建的、成熟的家族信托甚至在某种程度上可以称之为一个小型的家族办公室。本章我们从财富传承意义上的信托出发,并重点介绍家族信托如何在家族办公室发挥中流砥柱的作用。

## 慈善信托的魅力

钱总是"老钱"的典型代表，出身名门，圈层高端，有眼界和不凡的投资能力，重视社会责任等。钱总在 2014 年就成立了自己的慈善信托，最初的设想是通过信托解决一些社会问题，如贫困、妇女儿童保护等。随着慈善信托规模的扩大，钱总成立了专项慈善基金会，运营成本确实比以往高出很多，但是慈善事业在细分领域更加深入了。钱总的儿子钱晓看到了父母的机遇、热情和承诺，也希望将自己的技能和兴趣与父母的结合起来，共同推动基金会的发展。运营慈善信托和基金会也让钱晓的人生观建立在对使命的承诺和正确的价值观之上。

经过几年的探索，基金会目前的投资重点是为女性提供经济机会，特别是在手工艺及可持续时尚领域。基金会通过投资女性领导的公司和基金来加强女性生态系统的影响力。包括将销售家居装饰的妇女们按照村镇分别聚集在一起，协助她们把产品销售到商超。钱晓还引进了一项专有技术，依靠智能手机技术接收来自世界各地的订单，并立即将订单传送给不同的工匠，这些工匠根据自己的能力进行分流，以便按时制作和交付饰品。

迄今为止，钱总的慈善基金会拥有 20 多个活跃的投资，并在约 8 个不同的董事会中担任各种职务，帮助他们所投资的公司和其他具有影响力的组织制订战略。基金会每月或每季度会统一对所投公司进行审查和分析，以确定应该参加哪些会议，哪些方案应该提交给基金会的董事会做决定。一旦某项交易获得董事会的批准，他们就会指派专人担任关系负责人，以便对每项投资进行跟踪，并提供战略指导和运营支持。

钱总家族对于社交圈层一直非常重视，而通过这些慈善信托、基金会和私募投资，也让钱总家族的朋友圈不断壮大，还有一批非常忠实的拥护者，这也促成了钱总和其他一些家族共同进行投资。

信托和基金会是一个家族在世界留下印记的机会，钱总家族主张从慈善出发，而不是先去想如何做才能产生影响。钱总家族的影响力投资之旅，可以给"新钱"家族很多启示。"新钱"家族也可以参考这样的轨迹，找到"老钱"家族早已具备的"历史感"，并随着时间的推移不断让这种"历史感"更加厚重。

## 第一节 │ 全能选手——家族信托

家族信托是很多家族办公室最外在的表现。我们耳熟能详的国内外超级富豪们的家族信托，其幕后的操盘手几乎都是家族办公室。家族信托既可以作为家族财富传承的外在体现形式，也可以作为承载各类家族资产的主要载体。根据《中国银保监会关于规范信托公司信托业务分类的通知》（银保监规〔2023〕1号）的规定，家族信托指信托公司接受单一自然人委托，或者接受单一自然人及其亲属共同委托，以家庭财富的保护、传承和管理为主要信托目的，提供财产规划、风险隔离、资产配置、子女教育、家族治理、公益慈善事业等定制化事务管理和金融服务。

**信托的委托人、受托人、受益人**

依据《中华人民共和国信托法》（以下简称《信托法》）第二条规定，信托是指委托人基于对受托人的信任，将其财产权委托给受托人，由受托人按委托人的意愿以自己的名义，为受益人的利益或者特定目的，进行管理或者处分的行为。

从定义上看，信托本质是一种集财产所有权转移和财产管理于一身的制度安排。通过委托人将信托财产的利益给予受益人，并向受托人进行财产转移，由受托人进行财产管理。所有权与管理权的分离，赋予了信托财产的独立性。一般而言，一个信托关系由三方当事人构成，即委托人、受托人和受益人。现代信托为确保信托公司信誉，还会引入保管人和监管人，以克服信托缺乏保护机制的缺点。委托人和受益人可以是同一法律主体，也可以是不同法律主体。

委托人是将自己的合法财产委托给受托人，由受托人按照委托人的意愿进行分配的人。但是需要特别说明的是，如果委托人有配偶，那么在设立信托时配偶方也必须签字，即便设立信托的财产是委托人的婚前个人财产，也还是需要配偶方签字确认。配偶方必须签字的法律原理是家族信托涉及的都是大额财产，已经超出正常的日常生活需要，此时一方是没有家事方面的单独处分权利的，如果配偶一方擅自处分夫妻共同财产设立家族信托，必然存在一种极大的可能就是侵害享有共同财产的另一方配偶的合法权益，而以该财产设立信托，其本身的法律效力是存在瑕疵的，可能被认定为无效或被撤销，由此产生了对信托资金的追偿，甚至对已分配信托利益的追索。这只是信托一个很小的程序，但正是因为这个程序给信托业造成了很大的影响。有部分委托人不希望其他人知道自己设立了信托，尤其是配偶方，对于这种情况，在目前的实践中是无法设立信托的。特别是被称为"国内家族信托强制执行第一案"案［（2020）鄂01执保230号］的武汉家族信托执行异议案件发生后，配偶签字更成为国内信托设立的必备要件之一。

受托人是指信托公司。信托公司需要根据委托人的意愿处理信托财产。

受益人是指可以从信托财产中获益的人，受益人可以包括委托人自己，与委托人有血缘关系或者没有血缘关系的人或者实体组织都可以成为受益人，在国外甚至猫和狗之类的宠物都可以成为信托受益人，但是目前在国内尚未出现以动物为受益人的信托。

## 信托的独立性

信托存在的最重要的基础就是信托财产的独立性，这也是信托区别于其他财富传承工具最重要的特点之一。信托财产的独立性，是指信托财产独立于委托人、受托人和受益人。

（1）信托财产独立于委托人。也就是说，对于委托人来说，一旦委托人将自己的财产装入信托，则该财产的所有权就不再属于委托人，也正是因为信托的这一功能，所以让信托财产具有一定程度的债务隔离的功能。但是要想让信托财产具备债务隔离的功能，信托财产的性质必须符合一定的要求。即信托财产必须是委托人所有的，可以被委托人控制的合法财产，如果委托人在可能面临资不抵债的风险的情况下，为逃避债务而搭建委托，仍然可能因为侵犯债权人利益而使搭建的信托效力受到影响，甚至归于无效。所以，笔者的建议是信托尽早搭建，未雨绸缪，在委托人经济情况良好的时候就设立信托。在设立信托的时候可以聘请会计师事务所等机构出具个人经济情况报告，作为信托设立的证明文件之一，以证明委托人在设立信托时没有存在资不抵债的情况，这样如果将来委托人被债权人追索的时候，可以最大限度地保证委托人所设立的信托财产不受影响。

（2）信托财产独立于受托人。因为目前国内信托财产还不能独立登记，所以委托人在信托中需要将信托财产的所有权转移到受托人的名下，由受托人名义上持有信托财产。虽然名义上信托财产由受托人持有，但是这并不会妨碍信托财产的独立性。

笔者在接待咨询的过程中经常会听到客户发出疑问："信托公司破产了怎么办？"2022年7月6日，中国银行保险监督管理委员会发布了《中国银保监会关于新华信托股份有限公司破产的批复》（银保监复〔2022〕393号），同意新华信托股份有限公司进入破产程序。新华公司成为国内第一家破产的信托公司，很多已经办理家族信托的客户庆幸自己当时没有选择新华，但是也为自己的信托公司担心，万一下一个破产的是自己的信托公司，该怎么办呢？其实，这样担心完全没有必要。与信托公司一样，保险公司也会破产，但是信托公司和保险公司都有着极为完善的保障机制，足以保障所配置的信托和保险不受影响。《信托法》明确规定，信托财产不属于信托公司的财产，信托公司因各种原因而破产或业务终止时，信托财产不属于信托公司的清算财产。

实践中，信托财产属于信托公司的"表外资产"，并会在银行单独开立的账户中进行保管。如果信托公司遭遇破产清算等原因终止业务时，依据《信托法》第四十条和《信托公司管理办法》第四十条的规定，相应权利人可以选择新的信托公司，在新的信托公司确定前，由国家金融监督管理总局（原中国银行保险监督管理委员会）指定临时受托人。需要说明的是，即便信托有强有力的法律制度做保障，但在前后两个信托公司交接时，在及时性和便利性上客户的体验可能稍差。因此在为客户设立信托时，应该妥善选择信托公司，对信托公司进行必要的调查，包括股东背景、行业评级、营业年限、资产管理规模、老客户评价等。另外，在信托文件中也要有必要的保护条款，例如赋予委托人在特定条件下终止信托、更换信托公司的权利等。

（3）信托财产独立于受益人。这个独立当然是相对的，在没有达到信托合同所约定的分配条件时，信托财产并不属于信托受益人。一些案例显示，一些债权人在拿到胜诉判决后发现被执行人还是某大额信托的受益人，遂向法院申请对信托财产进行强制执行，但是都被法院驳回，因为信托财产在没有分配之前所有权不属于受益人，所以不能被强制执行用于抵债。另外，信托分配条款中也可以做特别约定，不允许受益人用从信托中所获得的财产进行偿债等，这也是信托财产独立于受益人的体现之一。正是因为有上述独立性，让信托财产成为超高净值人士大额财富传承的必备工具。

## 信托分类

2023 年银保监会下发了《中国银保监会关于规范信托公司信托业务分类的通知》，对信托业务进行了新的分类（详见表 4-1），这对于国内金融行业的意义是巨大的。首次有权威的官方文件为各类信托正名，并从整体上指明了未来国内信托行业发展的方向。

表 4-1　信托业务分类表

| 资产管理信托 | 固定收益类信托计划 | / |
| | 权益类信托计划 | / |
| | 商品及金融衍生品类信托计划 | / |
| | 混合类信托计划 | / |

表4-1（续）

| | | |
|---|---|---|
| **资产服务信托** | 财富管理服务信托 | 家族信托 |
| | | 家庭服务信托 |
| | | 保险金信托 |
| | | 特殊需要信托 |
| | | 遗嘱信托 |
| | | 其他个人财富管理信托 |
| | | 法人及非法人组织财富管理信托 |
| | 行政管理服务信托 | 预付类资金服务信托 |
| | | 资管产品服务信托 |
| | | 担保品服务信托 |
| | | 企业/职业年金服务信托 |
| | | 其他行政管理服务信托 |
| | 资产证券化服务信托 | 信贷资产证券化服务信托 |
| | | 企业资产证券化服务信托 |
| | | 非金融企业资产支持票据服务信托 |
| | | 其他资产证券化服务信托 |
| | 风险处置服务信托 | 企业市场化重组服务信托 |
| | | 企业破产服务信托 |
| | 新型资产服务信托 | / |
| **公益/慈善信托** | 慈善信托 | / |
| | 其他公益信托 | / |

　　以上几种信托类型，家族办公室经常涉及的是财富管理受托服务信托中的家族信托、保险金信托、遗嘱信托。遗嘱信托在本书相关章节中有详细介绍，本章重点讲述家族信托和保险金信托。

**法条链接**

**《中国银保监会关于规范信托公司信托业务分类的通知》**

（一）财富管理服务信托。信托公司为自然人、法人及非法人组织财富管理提供的信托服务，按照服务内容及对象分为7个业务品种：

1. 家族信托。信托公司接受单一自然人委托，或者接受单一自然人及其亲属共同委托，以家庭财富的保护、传承和管理为主要信托目的，提供财产规划、风险隔离、资产配置、子女教育、家族治理、公益慈善事业等定制化事务管理和金融服务。家族信托初始设立时实收信托应当不低于1 000万元。受益人应当为委托人或者其亲属，但委托人不得为唯一受益人。家族信托涉及公益慈善安排的，受益人可以包括公益慈善信托或者慈善组织。单纯以追求信托财产保值增值为主要信托目的、具有专户理财性质的信托业务不属于家族信托。

……

3. 保险金信托。信托公司接受单一自然人委托，或者接受单一自然人及其家庭成员共同委托，以人身保险合同的相关权利和对应利益以及后续支付保费所需资金作为信托财产设立信托。当保险合同约定的给付条件发生时，保险公司按照保险约定将对应资金划付至对应信托专户，由信托公司按照信托文件管理。

家族信托和保险金信托是家族办公室在为客户进行财富传承规划时必不可少的两个金融工具。但是在接触了很多客户和金融从业人员之后，笔者发现，不只客户搞不清楚这两者的区别，连很多金融行业的从业者对此也一知半解。我们可以用表4-2对两者进行简明扼要的辨别。

表4-2　家族信托和保险金信托对比简表

| 类别 | 家族信托 | 保险金信托 |
|------|----------|------------|
| 资金规模 | 1 000万元 | 100万~500万元起 |
| 资产种类 | 货币资金、股权、债权、不动产、艺术品、保单等均可 | 大额终身寿险和年金险 |

表4-2(续)

| 类别 | 家族信托 | 保险金信托 |
|---|---|---|
| 管理 | 设立完成即开始收取管理费，进行资产管理和运作 | 设立完成，如没有保险金流入（如装入的是终身寿险），信托可能只是个空账户，此时一般不收取管理费 |
| 设立流程 | 复杂，流程多，需要多方参与 | 简单，流程少 |
| 收益是否刚性兑付 | 不保证收益，专业人士全球资产配置 | 收益以保险合同为准，刚性兑付 |
| 委托人和受益人的设置要求 | 委托人可以是单一个人或者家庭；受益人是包括委托人在内的家庭成员，但委托人不得为唯一受益人，即家族信托不可以设置为自益信托 | 受益人由被保险人或者投保人指定；委托人可以是唯一受益人，即保险金信托可以是自益信托 |
| 设立验资 | 委托人必须提供证据证明，设立信托的财产是合法所得 | 投保时提供简单证明即可 |

## 可撤销的信托和不可撤销的信托

按照信托是否可以撤销，可以将信托分为可撤销的信托和不可撤销的信托。

不可撤销的信托是只要没有出现法律或信托合同规定的撤销事由，委托人就不可随意地撤销信托。将资产转移到信托中后，委托人在委托后便无法更改书面条款，因此委托人就不再拥有对信托中资产的所有权。选择不可撤销信托的主要理由是，委托人希望将部分资产进行分离。不可撤销信托可以对资产进行更有效的保护，财产的独立性得到了充分的保障。在可撤销的信托中，委托人会维持其对资产的所有权，因此这些信托中的资产很有可能因为债权人追索或者诉讼而失去控制。而不可撤销的信托将这些资产移出信托人的手中，委托人不再被视为拥有这些资产。

可撤销信托中的资产，在很多国家都仍视为是委托人的遗产，并不具有独立性，一旦达到法律规定的缴税界限，就可能需要缴纳高昂的遗产税。可撤销的信托中，委托人可以更改或取消信托的约定。它的好处是委托人可以根据自己的意愿和信托合同的约定撤销信托，从而对信托中的财产进行随意的支配，委托人不会失去对信托财产的控制。

可能大多数委托人会更倾向于选择可撤销信托。毕竟，人的本性是害怕失去对自己财产的控制权和所有权。但是从家族办公室的角度考虑，可撤销的信托并不是最优解，因其无法起到风险隔离、资产保全的功能，也就是通常所说的可撤销的信托会面临被"击穿"的风险。导致信托被"击穿"、失去其独立性的情况还可能包括在信托合同中约定委托人可以随时撤换受托人、终止或解除信托合同、取消受益人、选择投资等。

### 🏛 典型案例

A董在投资领域颇有自己的观点，在55岁之前，就已经为整个家族进行了非常周到的资产安排。包括购买保险、设立保险金信托、设立海外离岸信托等。A董所有财产安排的最终受益人都是自己的女儿和三个小孙子，但并不包括自己的女婿。

60岁时A董准备颐养天年，遂将自己的A公司出售给B公司，B公司的实际控制人B董成为A公司的法定代表人。但是A公司经营不善，对外欠下巨额债务，债权人遂起诉A公司。后债权人胜诉，A公司无力还债，B董作为A公司的法定代表人被限高。

B董叫苦不迭，原来B公司在买入A公司之后，就发现A公司存在诸多经营上的问题，隐形债务早已经将A公司掏空。B公司还发现A公司和A董之间存在着个人账户和公司账户不分的情况。多年来A董以用个人账户接收公司资产等方式将A公司的资产转移到A董名下，A董的各类信托财产也几乎都是源于此类资产。

后来B董向A董讨要说法，A董也承认A公司原来的情况确实不好，但是A董认为既然A公司已经出售给B公司，B董只能认栽。B董将与A董的恩怨如实向债权人告知，并提供了与A董沟通的文字和语音证据。

债权人遂据此向法院申请将A董也列为失信人，理由是A公司的债务大部分都是在A董担任法定代表人期间产生的，A董对这些债务的产生应该承担主要责任。另外，A董在控制A公司期间，滥用法定代表人和股东的权利，使得 A 公司早就失去了法人的独立地位，因此 A 董应该以个人财产对 A 公司的债务承担连带责任。

最终，法院支持了债权人的请求，第一，A 董应该为其在任期间 A 公司产生的债务承担主要责任，故 A 董被列为失信人，并对 A 董采取了限高措施；第二，A 董滥用公司法人和股东地位，应该对 A 公司的债务承担连带责任。

A 董年事已高，他并不在乎对他采取的限高措施，但是以个人资产对公司债务承担连带责任，确实让 A 董非常头疼。A 董尽管已经在国内外都设立了家族信托，但是还是很担心自己的财产会受到波及。随即 A 董在第一时间指示信托公司，将自己的部分信托财产购买海外金融产品。并且向信托公司发出指令，要求终止信托，将剩余财产转移到第三国。

在当初签订信托合同时，工作人员曾向 A 董说明 A 董可以选择可撤销信托，也可以选择不可撤销信托，而 A 董对于信托并没有做到 100% 的信任，并且几十年的从商经验让 A 董心中始终认为财产必须要掌控在自己的手中。所以 A 董选择设立了一个可撤销信托，保留了对信托财产的高度控制权。结果，A 董为这个决定付出了极高的代价。

最终，A 董的现有财产不足以清偿所有的债务，债权人得知 A 董近期用信托财产购买了一处国外的资产，遂向法院申请用 A 董的信托财产清偿债务。法院认为 A 董从来没有放弃对信托财产的所有权，故信托不具有独立性，信托财产仍然应为 A 董的个人财产，故 A 董信托的财产应该用于偿还 A 董的个人债务，债权人的诉请得到了法院的支持。

## 离岸信托和本国信托

按信托设立地，可以将信托分为离岸信托和在岸信托。

在岸信托也就是在本国设立的信托，这是我们常年使用的信托。离岸信托是指在离岸金融中心（offshore finance centre，简称 OFC，一般为英属维尔京群岛、开曼群岛和百慕大群岛等）依当地法律设立的信托。离岸信托是在全球化背景下，利用跨境资产规划的隐蔽性和安全性等特点，在离岸地设立信托以满足高净值人士在税收和法律等多层面的需求。其实质是进行国际资产保护。离岸地一般为海岛和港口型国家，普遍具有政局稳定、无外汇管制、税收政策优惠、法律制度宽松等优势。

设立离岸信托有诸多优点，如可以隔离债务风险，降低税负（特别是避免缴纳高昂的遗产税和赠与税），保护财富隐私等。但是随着全球合规监管力度的加强，对离岸信托的监管也会越来越严格，离岸信托隐私保护的功能可能会被逐渐削弱。另外离岸信托的设立和维护都需要向律师和受托人支付高昂的费用，这些都是设立离岸信托时需要考虑的成本。

## 信托投资

信托公司管理信托财产的主要任务就是对信托财产进行投资，以确保信托财产可以保值增值。从广义上说，信托投资关系在金融市场中无处不在。券商集合资产管理计划、银行的表外业务、公募基金等都可以理解成信托的细分领域。但由于中国金融业的特点是分业经营，展业范围受到相关部门的严格约束，凡是称为信托的金融业务只能由信托公司开展。但是信托牌照又不同于其他牌照，信托独特的制度设计使得信托成为唯一能够跨货币市场、资本市场、实业投资经营的金融机构，具有多样的功能性和灵活性。目前，信托已成为我国第二大金融业态，在收益方面，超过市面绝大多数固定收益理财产品，资产不良率长期低于 0.8%。

与私募股权一样，信托也是基于私募原则开展业务，门槛也较高。依据我国相关规定，对合格投资人的要求是家庭金融净资产不得低于 300 万，且需要两年投资经验。可以委托信托公司处理的资产包括货币、金融资产（股票债券等）、房地产、土地经营权、保单、股权、古董以及知识产权等有形和无形资产。依据信托产品种类，包含信托理财产品、家族信托、保险金信托、养老信托、子女抚养信托、消费信托、资产证券化信托等。信托理财产品法律关系如图 4-1 所示。

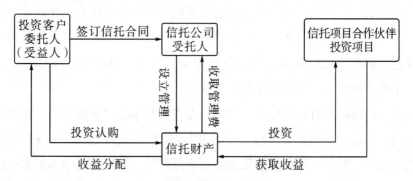

**图 4-1　信托理财产品法律关系**

在当前国内信托市场，家族信托、离岸信托、不可撤销信托因具有风险隔离作用而受到人们普遍关注。但需要注意一点，不是所有的财产都能进入家族信托，进入家族信托的资金，必须拥有资产来源证明和完税证明。如果设立信托的财产是投资所得，则客户需要提供完整的投资记录；如果是工作或经营企业所得，需要提供持股、分红、工资流水等记录；如果是赠与或继承所得，需要提供获得赠与或继承的证明。

## 第二节 | 包罗万象——信托财产

　　家族办公室设立的信托就像大海，汇纳百川，各类型的资产都可能放在信托中。国内家族办公室常见的信托种类包括现金信托、保险金信托、不动产信托、股权信托等。其中，现金信托只需要依据信托合同就可以产生信托效力，并不需要进行登记，操作比较简单，本文不再赘述。下文一一介绍其他各类主要信托的具体搭建方式。

### 保险金信托

　　保险金信托是这几年保险和私人银行主推的服务，可以说是"群雄逐鹿"。每个保险公司、每家银行、每个信托公司都在向他们的高净值客户推荐保险金信托。

　　首先聊聊保险金信托的收费。目前国内保险金信托的收费主要包括两笔。第一笔是设立费用，保险公司通常在保险金信托设立的时候会收取一部分设立费，这个设立费非常少，约在人民币 1 万~2 万元之间，如果遇上保险公司的年底开门红时期，设立费可能会予以减免。第二笔是按年收取的服务费，一般比例是在千分之三左右，如果客户资金量很大，这部分比例还可以降低，届时可以和保险机构协商。这部分费用不是设立就开始收取，而是当有保险金进到信托里时才开始收取。保险金信托是一个与高净值人士需求非常契合的产品，从客户的角度出发，保险金信托可以为客户提供更灵活的传承方案，并且操作很简单。加之，保险金信托的门槛并不高，有些保险公司甚至当保费达到 100 万元就可以帮助客户配置保险金信托，即投保人年缴 10 万缴纳 10 年的年金险，就可以满足设立保险金信托的要求。

目前国内保险金信托行业蓬勃发展，各家机构的业务和操作都已经比较成熟。有一些银行或者保险机构自己成立了信托公司，还有一些和其他机构合资成立了信托公司。更多的一些银行和保险公司则选择与其他信托公司合作，大一点的保险公司或者银行可能经常合作的信托公司有 4~5 家。

目前国内业界都把保险金信托分为 1.0、2.0、3.0 三个版本（详见图 4-2），分别对应保险金信托的三种形式。保险金信托的 1.0 版本，就是投保后领取到理赔金或者生存金后，把保险理赔金或生存金装到信托中，这也是保险金信托早期比较普遍的模式。现在比较通行的做法是保险金信托的 2.0 模式，也就是在委托人投保后，再把保单的投保人和被保险人变更为信托公司，让信托公司持有保单。保险金信托的 3.0 模式，是直接把现金转到信托中，让信托公司作为投保人直接投保，由信托公司担任投保人和受益人。从债务隔离的角度来讲，1.0 几乎没有债务隔离的功能，如果投保人陷入任何债权债务纠纷，保单还是属于投保人的财产，还是可能被强制执行。<u>保险金信托的 2.0 和 3.0 的模式债务隔离的功能就很强</u>，因为是信托公司作为投保人直接持有保单，这与委托人的债务风险形成了一道很好的隔离墙。当然对于债务纠纷风险比较低的客户，也可以选择保险金信托的 1.0 模式，进行保单贷款等融资行为时会较为便利。

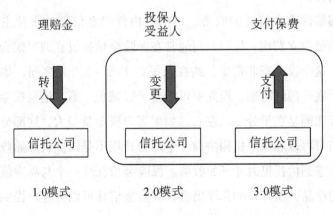

图 4-2  保险金信托三种模式

## 不动产信托

这是以土地、房屋等不动产为信托财产的信托，信托公司会对不动产进行管理，收取的租金会按照委托人的意愿进行分配，根据委托人的要求购买、持有、出售不动产并对出售款进行分配。在不动产信托关系中，作为信托标的物的土地和房屋，不论是保管目的、管理目的或处理目的，委托人均应把它们的产权在设立信托时转移给信托公司。

不动产信托是财产信托中最为复杂的一种业务。虽然理论上来说不动产也属于财产，可以放到信托中，但是从目前国内的实践来看，不动产信托还是有比较多的障碍的。第一个障碍是购房资格限制，在很多城市购买房产都要求符合一定的条件。笔者是在上海执业的律师，曾经有很多的上海客户希望把上海的房产也放到信托中去，但是与几家信托公司交涉后，最终都没能成功。第二个障碍就是税费。不动产信托要求把不动产的所有权转让给信托公司，走正常的不动产买卖程序，这就需要缴纳相应税款。需要装入信托的不动产基本上都要千万元起步，这就导致不动产转让时可能产生高额的税费。笔者和客户交流的过程中，很多客户也很认可信托的模式，希望把名下的多套房产装入信托中，但是一聊到税费的问题，就都望而却步，因为国内目前还没有针对不动产转入信托的税收优惠政策。限购和税费这两个主要问题在很大程度上导致了不动产信托目前在国内普及程度不高。

## 股权信托

### 1. 股权信托的架构

和不动产一样，从法律上来说，股权也可以装入信托。但是因为股权的特殊性，在实践中股权装入信托比不动产还要复杂。

首先需要搭建公司架构。通常的操作方式可见图4-3。第一层是由委托人和信托公司共同出资成立一个有限合伙企业，在这个有限合伙企业中委托人是GP，即普通合伙人，对合伙企业承担无限责任，但是委托人只占有很小的一部分份额。信托公司是LP，即有限合伙人，占有合伙企业的大部分份额，对合伙企业在其出资的范围内承担有限责任。第二层是以这个有限合伙企业持股实际运营的公司。这种架构设计很巧妙，第一，解决了设立股权信托后股东表决的问题，有限合伙企业作为股东进行表决的时候可以由作为GP的委托人直接出面进行表决。第二，解决了合伙企业内部的决策问题，委托人虽然只占有限合伙企业很小的一部分份额，但是毕竟委托人是普通合伙人，所以委托人可以名正言顺地管理有限合伙企业，即便将财产放进信托中，委托人仍然没有失去对作为信托财产的控制权。第三，能最大限度地维护信托公司的利益，让股权信托成为可能。信托公司虽然在有限合伙企业中占比很多，但是毕竟只是有限合伙人，其仅以出资为限对合伙企业承担有限责任，这也就意味着信托公司并不会因为在股权信托中直接对企业持股而承担额外的责任。毕竟股权信托是需要将股权转到信托公司名下的，故委托人的公司名义上的持股人仍然是信托公司，就算委托人的企业有任何经营风险，信托公司在经济上也不会遭受额外的损失，毕竟股权都是委托人转让过来的。通过以上的安排就解除了信托公司的后顾之忧，使得股权信托成为可能。这种架构搭建模式已经被国内股权信托广泛采用。

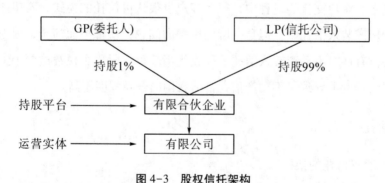

图 4-3　股权信托架构

股权信托实现了所有权、控制权、管理权的三权分立，保证了公司治理的良性发展。采用信托的方式进行股权分配，从财富传承角度来看优点也非常多。股权一旦被转移给信托公司之后，该部分股权就独立于股东的个人财产，并且也独立于信托公司的财产。也就是说股东在面临离婚、破产或者信托公司破产时，该部分股权均不会作为任何一方的财产。正是股权信托的这个特质，让打破富不过三代的诅咒成为可能。所以我们看到很多的超高净值人士，例如李嘉诚、香港船王等，都采用了股权信托的模式来传承财富，防范离婚等各类风险。

---

### 🔅 典型案例

Z董创立了W集团，在内地几个城市设立了实体公司，这些公司作为股权架构的第一层，实际掌握着W集团的实体资产，并产生巨额的利润。这些利润不断地输送给W集团的第二层，也就是设立在香港的W香港公司。内地各实体公司给W香港公司的都是股息红利，而香港的税收采用属地原则，对于股息红利这种不来源于香港的收入是不收税的。W集团的第三层设在了英属维尔京群岛，即W维京公司。因为香港规定股权转让需要缴纳千分之一的印花税，为了开源节流，需要在W香港公司的上层设置W维京公司作为第三层。但是鉴于英属维尔京群岛的管理和规范问题，所以在英属维尔京群岛注册的公司在资本市场上的认可度比较低，W集团为了上市又在第三层W维京公司上面设置了第四层，也就是设立在开曼的W开曼公司。至此壳公司的架构搭建完毕，下面设立信托架构。

在第四层W开曼公司的基础上又为Z董和Z董的配偶Z夫人分别设置了两个均注册在英属维尔京群岛的壳公司，Z董设立的是Z董维京公司，Z夫人设立的是Z夫人维京公司，也就是第五层。第五层的两家公司分别以馈赠的方式将这两家公司的股权赠给了同样设在开曼群岛的两家信托公司，Z董维京公司所有的股权赠给了Z董开曼信托公司，Z夫人维京公司所有的股权赠给了Z夫人开曼信托公司。而Z董开曼信托公司和Z夫人开曼信托公司都是F国际信托的子公司。

Z董就是通过层层架构（见图4-4），将其所有的对W集团的股权转让给信托公司，但Z董保留对公司的控制权，W集团的管理权则由外聘的职业经理人来承担。

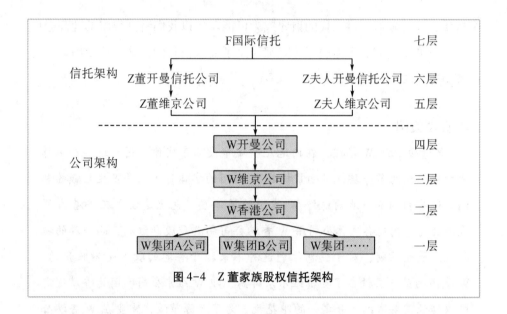

图 4-4　Z 董家族股权信托架构

### 2. 股权信托的设立方式

股权信托本质上就是股权的转让，与股权激励一样，股权信托的设立也有两种方式，那就是股权转让和增资扩股。以股权转让的方式进行信托架构的搭建上文已经讲过了，下面主要介绍采用增资扩股的方式进行股权信托搭建的方式。从税收的角度考虑，笔者还是很推崇用增资扩股的方式来实现股权信托设立的。

第一层和上文图 4-3 第一层的架构相同，既委托人和信托公司成立一个有限合伙企业，委托人是 GP，即普通合伙人，对合伙企业承担无限责任，但是委托人只占有很小的一部分份额。信托公司是 LP，即有限合伙人，占有合伙企业的大部分份额，对合伙企业在其出资的范围内承担有限责任。

第二层，由有限合伙企业直接向实际经营的企业进行增资扩股，稀释委托人原来持有的股份，这就相当于实现了股权的转让，相应的税费也可以减少。但是用这种增资扩股的方式来搭建股权信托也并非无懈可击，因为如果除了委托人，公司还有其他的股东，这种增资扩股的方式无疑会让其他股东的股权也被等比例稀释，而根据 2024 年 7 月 1 日开始施行的《中华人民共和国公司法》①（以下简称《公司法》）第六十六条的规定，公司增加或减少注册资本必须经代表三分之二以上表决权的股东通过才可以。如果没有得到足够多的表决权，增资扩股的方式无法实施。可能也正是这个原因，导致了目前在国内股权信托主要还是以股权转让的方式进行搭建，增资扩股并不常见。

## 现金信托

以现金装入信托主要是为了实现资产的保值增值、债务隔离，以及财富传承等目的。现金类信托是最便利的信托，因为现金本身具有流动性好、无保管风险、所有权转移方便、风险隔离效果好等众多优点。很多客户都是先选择做现金类的财富传承，搭建起信托架构，然后再向信托里装其他资产。特别是疫情之后，很多之前手持多套房产的客户都表示，疫情期间收取租金太麻烦，加之可能出台的房产税等税负压力，所以准备将其中的几套房产出售，以现金来配置保险或设立信托。但是以现金设立信托最大的障碍是，资金起点过高，我国家族信托起点最低是 1 000 万元人民币，大部分的家族信托规模都在 3 000 万元以上。让个人甚至企业拿出上千万的流动资金并不是一件容易的事情。所以对于现金流暂时不够充裕的人来说，笔者建议可以考虑上文提到的门槛较低，但可能达到更好效果的保险金信托。

---

① 本书所依据的《公司法》各条文均为 2024 年 7 月 1 日起施行的最新《公司法》。

## 第三节 | 面面俱到——信托分配

信托分配方案的制订非常关键，对于家族办公室来说，这是关乎家族财富传承非常重要的节点。高净值人士普遍具备对商业的敏感度，但是涉及对家人的财富分配方案时，却觉得非常头疼。不患寡而患不均，这个"均"绝对不是指平均分配，而是指从每个家庭成员的情况和家族的整体利益出发，制订出的最优方案。而无论是家族的大家长还是主要负责人，在精力和专业度上都很难担此重任，家族办公室就成了家族分配方案最理想的制订者和监督者。

在制订信托分配方案的时候，第一个问题是传承什么财产。这涉及财产的配置，这在本书第二部分的相关章节中均有介绍。第二个问题是传承给谁。常见的潜在受益人包括配偶、子女、父母、兄弟姐妹、外甥/侄子女和慈善机构等。第三个问题是分配多少财产。第四个问题如何设置分配条件是至关重要的环节，这涉及委托人的目的能否实现。

信托分配方案五花八门，可以和人类的想象力媲美。家族办公室在制订此类方案时能够发挥超乎想象的作用，因为家族办公室对家族成员的情况非常熟悉，能够想客户之所想，读懂客户的潜台词，比客户规划得更全面周到。加之，家族办公室很擅长综合运用各类金融和法律工具，能在保护家族利益的前提下，为家族成员量身打造最合适的财富分配方案，并且监督其落地实施。

　　家族办公室可以依据生命周期预测和财富规划四象限（见图4-5）来作为信托分配方案设计时的考量因素。

| 生命阶段 | 实际情况 |
|---|---|
| 意外事件 | 未来预测 |

**图4-5　生命周期预测和财富规划四象限**

　　应该给受益人分配多少财产，首先需要考虑的就是受益人的"实际情况"。例如，如果客户是一对已婚已育的夫妇，信托可能需要在孩子的小学和中学为其留存足够的教育金和生活费用，以应对后续的大学和研究生等阶段。相比之下，如果子女已经成年，信托的重点应该是为这些成年子女的资产进行保值增值，并为其准备足够的养老现金流。另外，对于成年子女，还必须考虑到婚姻和继承风险，对于所有分配给子女的信托财产都可以约定只属于子女个人所有，与其配偶无关。

　　信托分配持续的时间取决于受益人的"生命阶段"，并应该据此确定信托资产的"退出策略"。例如，当受益人达到特定年龄（例如30岁、35岁或40岁）时，信托的分配额度可能会逐渐降低。因为随着年龄的增长，受益人的创富能力应该会逐渐增强，并且如果年龄越大，分配的财产越多，也不利于对受益人进行正向引导，受益人很可能选择彻底"躺平"的人生。但是对于青少年时期（例如5岁、10岁和15岁），信托财产应该是逐年增加的，毕竟此时的受益人还没有赚钱能力，而随着学业的推进，受益人需要的支持也会更多。当受益人步入老年时，分配的费用不必逐年递增，但是需要为受益人准备充足的医疗费。

　　决定信托最佳分配设计的另一个关键变量是"未来预测"。家族办公室需要预测信托财产分配时信托中资产的剩余价值、分配时的受益人数量，以及每个受益人的可能分配金额。像任何预测一样，不确定性是无法避免的，但合理的预测也并非绝无可能。例如，如果一个家庭有四个孩子，没有一个超过 10 岁，信托财产一共只有 400 万元，那么在信托设计为孩子成年后仍保留终身信托是没必要的，因为此时信托财产很可能已经所剩无几，但可以兜底设置为 30 岁或 35 岁时的孩子可以获得全部的剩余财产。同样，如果一个信托的资金为 200 万元，其主要目的是为一对夫妇的独生子女支付大学和研究生阶段的费用，那么在子女年满 25 岁时直接分配剩余的信托资产可能并不明智，因为此时孩子很可能连硕士学位都没有获得，并且如果子女决定继续攻读博士，而这部分费用是更高昂的，所以在方案设计时必须要考虑此类预测的因素。

信托设计还应包括"意外事件"。这些事件经常发生在新闻中，但是也可能会发生在家人身上（例如婚姻变化、交通事故、疾病等）。信托中涵盖的人生阶段越多，持有的资产越多，家族办公室就越应该考虑如何使信托能够应对各种意外事件。在面对意外事件时家族办公室应该在信托中进行灵活的规划，包括意外事件发生时的继任者是否需要变更，是否需要额外的受托人，离婚时家庭财产分配原则是否需要变更，受益人负债时的分配条件和标准等。

家族办公室在进行方案设计时，要从生命阶段、实际情况，未来预测、和意外事件这四个要素进行周到的考量和利弊权衡，才可能获得更好的遗产和财务规划的效果。

## 第四节 | 锦上添花——慈善信托

2011年5月5日，河仁慈善基金会成立大会上，曹德旺先生与其妻子陈凤英女士，正式宣布向河仁慈善基金会捐赠所持福耀集团3亿股股权，总价值35.49亿元人民币（这部分股权现在的价值大概为200多亿元），从而使河仁慈善基金会成为中国资产规模最大的公益慈善基金会。

共同富裕如春风吹到了中国的每一个角落，即便你之前没有感受到金税三期、CRS的影响，那么现在，毫不夸张地说，共同富裕也将深入每个中国人的心里。一次分配靠工资，二次分配靠税收，三次分配就是靠慈善了。慈善必将成为未来中国的主流话题之一。这当然不仅仅是趋势使然，更因为慈善事业本身的魅力。笔者认为，<u>在可以预见的将来，几乎每一个国内的家族办公室都将为慈善领域贡献自己的力量，而这也让慈善运营成为每个家族办公室当下的必修课</u>。

### 慈善信托概述

根据《中华人民共和国慈善法》（以下简称《慈善法》）的相关规定，慈善信托属于公益信托，是指委托人基于慈善目的，依法将其财产委托给受托人，由受托人按照委托人意愿以受托人名义进行管理和处分，开展慈善活动的行为。公益是指公共福利事业，与为个人利益的私益信托相区别。慈善活动包括：扶贫、济困；扶老、救孤、恤病、助残、优抚；救助自然灾害、事故灾难和公共卫生事件等突发事件造成的损害；促进教育、科学、文化、卫生、体育等事业的发展；防治污染和其他公害，保护和改善生态环境，以及符合《慈善法》规定的其他公益活动。

中国慈善联合会与中国信托业协会联合发布的《2022年中国慈善信托发展报告》显示，2022年我国慈善信托的发展速度不断加快。截至2022年年末，我国慈善信托累计备案数量达到1 184单，累计备案规模达到51.66亿元。2022年，全年备案规模1亿元及以上的慈善信托有3单，为历年最多（见图4-6）。

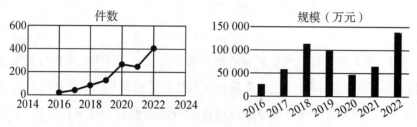

**图 4-6    2016—2022 年国内慈善信托统计**

数据来源：根据慈善中国信息平台公开数据整理

同家族办公室一样，我国的慈善信托还处于起步阶段。各地发展还不均衡，浙江省在这一方面可以说走在了全国前列，无论是从相关政策的扶持力度，还是慈善金额整体的占比，都远超其他省份。在委托人的形式上，在2017年以前，慈善信托的委托人多数为慈善总会、公益基金会等公益组织，2018年以来，委托人呈现出多样化的趋势，相继出现了自然人、公司、基金会、学校、律师事务所、银行、商会等作为委托人的慈善信托。慈善目的也呈现多样化和个性化的特点，越来越多针对贫困、女性权益保护、儿童健康发展等各类型、各地区的个性化的信托都已设计完成并落地。

慈善信托事业蓬勃发展，但是一些政策和实践却并没能跟得上慈善信托发展的速度。其中最突出的问题莫过于慈善信托的税收优惠政策待完善。虽然根据《慈善法》规定，慈善捐赠可以享受税收优惠政策，但是在实践中仍有不少慈善项目的优惠政策申请之路并不顺畅。尤其是用股权设立慈善信托过户时很难享受税费优惠的问题，让很多爱心人士设立慈善信托的愿望不得不暂时搁置。我国目前尚未建立信托财产登记制度，这导致了使用非货币类资产（股权、不动产、艺术品等）设立慈善信托时无法实现信托财产的独立性。同时，使用股权或房产等需要登记过户的财产设立信托时，需要按照普通的交易过户处理，并承担相应的税负，通常情况下此类税负并不享受优惠政策，如想要申请优惠税负只能视个案的情况，即便申请下来也并不具有普适性。可能正是这些税收和登记的问题，导致了目前我国慈善信托领域存在大额财产的慈善信托仍然较少，整体规模不大，慈善信托行业的土壤并不肥沃，高端人才匮乏，小额资产保值增值路径不通畅，大额资产种类单一，尚未形成一个有效的正循环产业等一系列问题。

　　笔者相信家族办公室在国内慈善信托领域大有作为。家族办公室可以利用全球信息优势和政策优势成为国内的慈善信托行业的排头兵，并为相关政策的完善不断提供实践经验。

## 慈善的功能

　　（1）慈善能够带来社会声誉，积累社会资本。

> **📖 典型案例**
>
> 　　A公司财力雄厚，是十年前中国海外并购的主力军之一。A公司希望收购一个欧洲公司，但是A公司的收购意向却遭到了当地环保人士的反对。A公司刚开始采用了在其他国家遇到收购阻力时的一贯做法，就是提高收购价格。但是这一次，面对环保人士和当地居民的反对时，"金钱攻势"失效了。A公司的收购计划无限期搁浅。但A公司并未就此放弃，经过专家顾问的指点，A公司采取了曲线救国的方式。A公司在当地设立了一个环保基金会，专门用于当地环境保护。经过2年多的运营，A公司在当地收获了极好的口碑，并间接促成了A公司在当地和周边国家的几个并购项目。
>
> 　　我们当然并不鼓励纯功利主义的慈善，但是"有舍才有得"是普适性的道理，这在慈善领域更是体现得淋漓尽致。

（2）慈善捐款可以享受税收减免。

（3）慈善是家族精神文明建设的主力军。《曾国藩家书》中曾经记载："道德传家，十代以上，耕读传家次之，诗书传家又次之，富贵传家，不过三代。"对于高净值人士来说，做慈善是一种道德传家的最优选择。

（4）二代教育需求。企业未来的掌舵者们如果在孩童时代参与过一些慈善项目，那么这在其未来申请一些海外名校时是绝对的加分项，同时也让子女能够通过慈善拓宽人际交往的圈层，更重要的是树立了他们大爱的价值观、人生观。

### 慈善信托和慈善基金会的区别

慈善信托和慈善基金会都可以实现慈善的目的。选择哪种慈善模式，主要的参考标准还是资金规模。对于资金规模很大的，一般选择慈善基金会，例如曹德旺捐赠股权设立的河仁慈善基金会；资金规模较小的，选择运营成本更小的慈善信托则更为妥当。我们可以通过表 4-3 对国内的慈善信托和慈善基金会进行简单的对比，来更好地了解这两种慈善途径。

表 4-3　慈善信托和慈善基金会对比表

| 类别 | 慈善信托 | 慈善基金会 |
|---|---|---|
| 实体属性 | 不具有法人资格，只是一个以开展慈善活动为目的的信托。类似一个项目 | 非营利性法人，具有独立法人资格。类似一个公司 |
| 运营实体 | 无要求 | 与公司一样，需要有独立的办公场所、专职人员、财务制度等 |
| 基础法律文件 | 信托合同 | 基金会章程 |
| 设立金额 | 没有设立金额要求 | 非公募基金会原始基金不低于 200 万 |
| 财产形式 | 货币现金、股权、艺术品等均可 | 一般为货币现金、股权 |
| 可投资范围 | 受《中国银监会办公厅关于鼓励信托公司开展公益信托业务支持灾后重建工作的通知》的约束，有一定的限制要求 | 受《基金会管理条例》和《慈善组织保值增值投资活动管理暂行办法》的约束，只能在固定领域投资 |

表4-3（续）

| 类别 | 慈善信托 | 慈善基金会 |
|---|---|---|
| 是否可以公开募捐 | 不能公开募捐，但某些地区可以向非委托人定向募捐 | 可以向发起人、理事会成员等特定对象募捐。符合一定条件后可以公开向社会大众募捐 |
| 慈善支出比例 | 无要求 | 公募基金上一年总收入的70%必须用于公益事业；其他基金会每年用于公益事业的支出不得低于上一年基金余额的8%。各项运营支出不得超过当年总支出的10% |
| 捐赠税收优惠 | 应依法享受税收优惠。但具体实践仍存在困难 | 企业：在年度利润总额12%以内的部分，可在当年度税前扣除；超过12%的部分，准予结转以后三年内扣除<br>个人：可以按照税法有关规定在计算应纳税所得额时扣除，扣除限额为应纳税额的30% |

## 第五节 | 实战分析

**规划关键词：孙辈生活保障、信托分配方案、资产保值**

**家庭情况：**

- 范董 69 岁，是原国营企业老总，早年下海经商，积累了上亿财富，后将企业出售，并购买多套房产，目前一家人靠这些房产的租金收入生活。

- 范董妻子范太，家庭主妇，与范董生育一子，名小范。

- 儿子小范 35 岁，喜欢投资，但是屡屡失败，和范董关系不太好，两人理念有很多冲突。

- 儿媳妇 36 岁，在当地的一个图书馆上班，和儿子关系也不太好，两人结婚多年三观不一致。范董不是很喜欢这个儿媳妇，觉得儿媳妇冷漠、懒惰、不求上进。

- 范董的小孙子小小范，6 岁，聪明伶俐，很讨范董的喜欢。

**初步规划：**

- 范董希望为小孙子小小范留下至少 6 500 万元的财产以供小孙子读书、创业之用。范董初步的规划是用 3 500 万元买一套房产，另外的 3 000 万元以小孙子的名义开立银行账户，将钱存到小孙子的名下。

**初步规划分析：**

- 小小范才 6 岁，在法律上他是属于不满十八周岁的未成年人，是无民事行为能力人，需要由其法定代理人也就是儿子和儿媳妇来代理小小范实施民事法律行为。如果把财产放到小小范名下，无异于将财产直接赠与儿子和儿媳妇。儿子投资又失败的时候怎么会不惦记小小范名下的这些财产，儿媳妇将来离婚的时候不会对这些财产动心思吗？可见，范董原来的想法是很难实现的。

* 范董名下没有企业，其主要的财产形式是房产和现金，家庭收入单一，但是因为疫情的影响，原本稳健的租金收入变得不太稳定。故对于范董家族来说，创造财富略显困难，给家族成员稳定的生活现金流更为重要。家族成员关系一般，但好在家庭结构简单，家族话语权都掌握在范董手中，故法律工具作为辅助工具即可，不需要复杂的法律设计。

**最终规划：**

家族办公室运用遗嘱、保险、信托三个工具，帮助范董家族规划了清晰而稳健的传承方案。

用6 500万元配置年金险，因为范董希望在他有生之年能看到小小范领到保险金。投保完成后，把保单的投保人和受益人都改为信托公司，设立信托分配方案见表4-4。

表4-4　小小范的信托分配方案

| 定期申领 | 20万元/年 |
| --- | --- |
| 学费支持 | ☐ 大学本科 10万元/年　　　　　　☐ 硕士研究生　30万元/年<br>☐ 博士研究生　100万元/年　　　　（985、常青藤翻倍） |
| 结婚祝福金 | 200万元（仅限一次） |
| 生育祝福 | 50万元/孩子 |
| 婚姻持续奖励 | 50万元/每满20年 |
| 创业支持 | 200万元 |
| 重大疾病救助 | 医疗费+住院费 |
| 遗产税费预备 | 500万元 |
| 阶段申领 | 小小范年满35周岁①后，可一次性申领全部剩余信托财产的80% |

---

① 之所以规定35岁，是因为根据人的认知发展规律，35岁是一个比较成熟的阶段，有了一定的人生阅历，人生也处于很关键的爬坡阶段，对于财富有把控能力，也有实际的需求。

小小范的方案做好之后，家族办公室又为范董做了家族信托（见图4-7）。

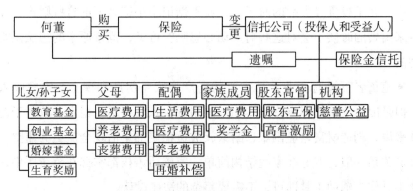

**图4-7　范董的家族信托分配架构**

家族办公室经过市场调研，将一部分无增值空间的房产进行出售，获得的售房款全部用于购买保险。操作方式也是范董先在保险公司投保，然后把投保人和受益人都变更为信托公司，设立一个保险金信托，并订立预防性遗嘱作为方案补充。这个信托计划包括：

● 给他的儿子、孙子女设立教育、创业、婚嫁、生育等基金和奖励。为了防范儿孙们的婚姻风险，在信托条款中特别说明，如果离婚，配偶方不享有信托受益权。儿孙们的婚姻如果持续，会有奖励金。

● 范董和夫人的生活、医疗、养老费用。家族办公室为范董预约了某保险公司的高端养老社区，范董届时可以选择居家养老或者社区养老。

● 在信托中为范董的兄弟姐妹提供了医疗费，为其子女设置了奖学金。

● 设立一个慈善信托，圆了范董一个做慈善的愿望。

方案落地后，范董一身轻松，他说该做的已经做完了，他的人生任务已经结束，现在可以安享晚年了。

# 第五章　家族办公室的金手指
## ——资产配置

资产配置（Asset Allocation），是每个家族办公室工作的重中之重，即便不为家族提供其他的服务，也要对家族的资产进行配置，这是家族办公室最重要的职能之一。

## 让子女学会投资

孙总是有名的经商奇才，他对所有的数字都很敏感。孙总年事已高，希望儿女们接手自己的事业时，两个孩子却都感到不知所措，他们处理的问题从以前每个月几万元的零花钱，变成了几十亿的资产。孙总很清楚，二代们不需要为创造财富而担心，他们更需要知道的是如何守业，如何成为精明、负责任的管理者。他们需要知道如何阅读报告并制订相应的计划，如何确保家族有源源不断的现金流。

孙总找到了家族办公室，家庭财富教育、家族二代金融观培养是家族办公室非常重要的职能之一。家族办公室为孙总儿女们量身打造了一条可行的教育之路。整个过程包括线上沟通和线下实战两个部分。家族办公室与孙总和孩子们共同制订了学习目标和学习节奏，这是两个孩子希望在未来一年中了解的几个金融领域，包括私募基金、财务规划、投资、看懂财务报表、职业规划等。家族办公室会每月两次通过视频会议电话与他们交流，并通过一对一的指导跟进他们每个人的具体学习议程，为孩子们提供上海顶尖金融机构实习的机会。

在实践领域，家族办公室以两个孩子的名义注册了一家真实的投资公司，主要以私募基金投资为主营业务。家族办公室带领兄妹俩一起考虑投资一个文创项目。兄妹二人需要在开会时间与地点、如何管理公司、谁来监督项目落地、合规治理、项目保险和维护等各个方面充分讨论并达成一致意见。他们核查了公司的各项资产，深入研究了项目规划情况，最终决定在各自的城市平行开展项目，以对冲创业风险。

兄妹真实体验了审查报表、审查投资顾问管理协议、审查财务应用程序、讨论新的税收法案、准备项目摘要、与财务顾问讨论、跟踪股票市场指数等工作。经过一年的严格教育、实际应用和辛勤工作后，两个孩子完成了各项学习，向父母展示了学习体验的主要成果，并分享了他们的成长感悟、问题和反馈。孙总和孩子们都充分意识到，家族成员之间的关系不能局限于每季度围坐在一张会议桌前，而应该随着动态教育和指导的开展不断地健康发展。向下一代灌输财富的重要性，鼓励他们增加自己的财富，这是富过三代的家族的重要价值观。

# 第一节 | 资产配置——境内境外

资产配置是指家族办公室根据家族成员的需求，从家族的利益出发，将家族资金分配为不同的资产类别，在平衡、规避、分散风险的同时，获取最大收益的一个过程。一个庞大的家族在经济生命周期的每个阶段（创造财富、保全财富、财富传承、财富再创造）都有其需要实现的目标。但无论在哪个阶段，无论定下什么样的目标，作为家族最忠实的"超级大管家"，家族办公室都必须学会使用合理的资产配置对资产进行增值保值。

不要把所有鸡蛋都放在一个篮子里，是大部分人对分散风险和财富配置的简单认知。但是对于家族办公室来说，必须要对有哪些可以用来投资的资产、每类资产风险和收益属性如何、如何最优化资产投资组合、如何实现最佳投资收益等投资知识有深度认知，并配备具有丰富操盘经验的投资专家，这些都不是一朝一夕能够具备的。限于本章的篇幅，笔者只能带领各位读者对投资领域有个概览，并把家族办公室可能涉及的主要的投资领域加以简要的介绍，期望做个领路人，为各位读者揭开家族办公室顶级资产配置的全貌。

### ♟ 典型案例

我们先来看一个好的资产配置策略能带来什么样的结果。

耶鲁大学在全世界都享有盛誉，但是很少有人知道，其学校收入组成中，依靠社会捐助和校产基金产生的投资收益（后续简化为耶鲁捐赠基金）高达 33%（2014 年），其次才是政府拨款、合同收入、学费以及赠与。

耶鲁捐赠基金在截至 2021 年 6 月 30 日的过去 20 年中，年回报率平均高达 11.3%，远超美国其他学院和大学捐赠基金 7.7% 的 20 年平均回报率。耶鲁捐赠基金的长期强劲表现为耶鲁大学的建设和可持续发展提供了至关重要的支持。

为什么耶鲁捐赠基金投资收益会这么好呢？这主要源于耶鲁大学科学明智的资产配置策略。耶鲁大学将资产分成三类：通胀保值资产（风险较低、收益较低，如房地产和油气林矿等自然资源）、成长型资产（私募股权 PE、国内股票、国外股票）、风险降低资产（绝对收益对冲基金、固定收益、现金）。

纵观近十年耶鲁大学基金的资产投资组合，其采取的策略是将大比例的资产配置放在非传统投资标的上，通过重仓私募股权投资 PE，放弃流动性提升收益性；通过加大绝对收益投资工具（对冲基金）的配置比例，在兼顾流动性基础上，追求稳健回报；通过高比例配置可抵御通胀和保值的资产，抵御核心风险和通货膨胀。如 2015 年耶鲁捐赠基金通胀保值资产、成长型资产和风险降低资产三类资产投资组合比例分别为 25%、50%、25%。耶鲁捐赠基金通过将那些与耶鲁投资策略相符的公司紧密联系在一起，从根本上创造出更有价值的机构，分享潜力企业的成长价值。

耶鲁捐赠基金高达 31% 的私募股权投资比例（远大于其他教育机构 10% 的平均投资），带来过去 20 年中耶鲁 PE 投资每年 36.1% 的惊人回报。这些都是耶鲁大学能够基业长青的资金保证。

一般而言，合理科学的资产配置可以提高投资组合收益，降低投资组合波动性。有关研究表明，在资产配置中，85%~95%的投资收益来自对长期资产分配的决策。对于个人或家庭中的资产配置，一般涉及三个问题：不同资产配置比例、各类资产投资时间节点、个人家庭投资时间安排。现代经济学已经发展出许多资产配置理论来解决这三个问题。

通常，可以使用最优投资组合相关的理论（如通过资本配置线①和资本市场线②来进行资产配置）来确定家族办公室中不同资产的配置比例；使用经济周期相关的理论（如美林投资时钟模型）找出各类资产的投资时点；按照生命周期相关理论（如生命周期预测和财富规划四象限）规划个人和家庭投资时间安排。通过调整资产组合中各种资产权重，可以形成无数组合。在所有由这些组合形成的可行域中，每个家族办公室的专业投资顾问都会根据自己的风险偏好，选择具有最大预期收益的资产组合。

经济周期是指经济增长的周期性波动，通常经济周期可分为繁荣、衰退、萧条和复苏四个阶段。在不同的经济阶段，投资方向也往往不同，比如在经济上升阶段，选择周期性行业进行投资就可以获取经济发展带来的收益；经济下行阶段，选择非周期性行业投资可以避免或减小经济下行对企业盈利的冲击。著名的经济周期资产配置模型是美林投资时钟模型（Merrill Lynch's investment clock，详见图5-1）。资产配置除需要根据宏观的经济周期进行合理搭配外，还需要根据投资者所处的生命周期妥善进行安置。比如投资者处于20~40岁奋斗期，与投资者处于养老期，所选用的资产配置策略就不相同。在家族的成长阶段，资产配置应以高风险高收益资产为主，如股权类的证券、基金或高收益的理财产品；在家族大部分成员处于养老阶段时，资产配置应以低风险投资工具以及固定收益类的资产为主。

选好资产分配策略（战略性资产配置），还可以按照利率、波动率等市场因素动态调整或改变资产分配，以提高投资组合收益（战术性资产配置）。

---

① 资本配置线，是在特定的风险水平上，描述所有可能的新组合的预期收益与风险之间关系的线条。

② 资本市场线，是描述理论上风险最小的投资组合的一种线性关系，代表了市场组合的收益率和风险水平。

比如可以使用资产配置再平衡策略，技术性降低集中投资风险，通过多元化分散投资，获取较高收益。资产配置再平衡策略认为随着时间推移，投资组合中各部分比例会与起始比例出现差异，并会带来资产集中，并且按照均值回归假设，资产的投资回报不会无限期保持在较高水平，或始终保持在低水平。资产配置再平衡策略试图预判并调整资产集中的风险以及投资带来的回报。

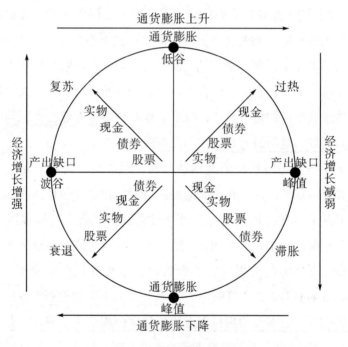

**图5-1　美林投资时钟模型**

此外，还可以使用 FoF（Fund of Fund）大类资产配置投资策略，通过长期持有获取稳健收益。FoF 组合管理投资标的与普通基金投资标的不同，FoF 组合管理直接投资基金，通过在一个账户下持有不同基金来获取高收益。而普通基金则直接以股票、债券等有价证券为投资标的。FoF 组合投资管理人相当于宴席的总经理，总揽基金全局，其主要任务是配菜；而每一支单一基金经理就相当于每道菜的厨师，只需要注重这道菜的锅中方寸，其主要任务是炒菜。FoF 组合投资管理人主要任务是做好大类资产配置，至于其中具体每只基金股票和债券应该怎么投、投多少比例，是 FoF 所买基金的那些基金经理应该做的事情。

可以看到，好的资产配置策略离不开对资产类别和属性充足的了解。只有建立在熟知这一坚实的基础之上，才能做到灵活运用。唯有熟知自己所带的兵，排兵布阵时候方能做到灵活安插，游刃有余。

## 家族办公室的投资流程

虽然每个家族办公室都是独一无二的，但大多数家族办公室都遵循一个共同的投资决策流程，如图 5-2 所示。流程的第一步是研究投资相关的法律法规，家族办公室内部的投资策略，是否符合家族价值观等。第二步，家族办公室需要拟定一个拟投资产品的组合模式，确定投资产品种类以及各项投资产品的比例。第三步，需要专业的投资顾问对投资产品的拟订方案进行研究识别，判定其中的风险。第四步，提交分析报告，交给家族办公室投资委员会最终决策。

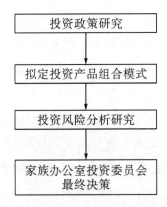

**图 5-2 家族办公室投资决策流程示意图**

🕮 **典型案例**

　　蒋总的家族办公室是企业依附型办公室，也是企业的一个子部门，此前一直由蒋总亲自带队。经过家族委员会讨论一致通过，后续家族办公室将由蒋总的女儿继续领导，蒋总的二女儿和小儿子将参与控股。

　　蒋总家族企业的董事会由大女儿、家族办公室委员会的核心人员和蒋总自己组成。蒋总还希望选出两名家族成员以外的人作为董事，这些董事将担任咨询和控制的工作。其中一名董事具有投行背景，另一名是重组和并购专家。该董事会将同时担任家族办公室投资委员会的职责。除此之外，蒋总还在家族办公室下设立了一个由三人组成的咨询委员会，专门负责对各类风险进行评估分析。

蒋总家族办公室的对外投资也会严格遵循投资流程。首先由投资部门进行调研分析，主要考虑因素是该项目的流动性需求、市场情绪，以及同行基金业绩，调研报告会综合反映蒋总家族成员的兴趣、偏见、价值和目标，然后提出投资组合方案交咨询委员会评估。咨询委员会会对这些方案进行风险分析，这一阶段需要分析的因素包括风险管理、家族政治、家族收入要求、法律风险、家族投资历史、税收、总体风险等众多考虑因素。咨询委员会的评估报告会作为非常重要的参考依据，家族办公室的投资委员会据此做出最终决策。如果投资委员会作出批准投资的决定，则会交由投资部门负责具体的实施落地。投资部门需要对投资项目持续跟踪，并定期出具阶段性分析报告，此类报告通常也会抄送给咨询委员会，但除非出现危机，咨询委员会一般不会发表不同意见。

单一家族办公室并非均设立正式的投资委员会。对于设立了投资委员会的单一家族办公室，因为委员会成员和家族成员过于熟悉，关系过于紧密，此类型的委员会往往不够民主。如果委员们投反对票可能会被视为对一家之主的反对，所以即便投资委员会对某些项目有不同的意见，他们的意见也并不一定会100%被采纳。

而多家族办公室的投资委员会通常由5至12名专业人士组成。大部分委员会的成员是家族办公室组织的内部团队成员。但有时也有例外，根据需要，对于部分较为复杂的项目会引进几名外部专家提供参考意见，但这些外部专家并不参与表决，更多担任咨询顾问的角色。在多家族办公室中，某些决策可能需要多数或一致表决同意，例如选择将资金分配给哪位投资顾问的投资项目上。

## 第二节 | 底层资产——传统投资

**权益类资产**

简单说，权益类资产就是指股票、（股票型、混合型、指数型）基金、存托凭证、可转换债券、权证这些产品。在经济学中"权"的含义是指，通过持有上市或非上市公司股份，拥有公司的部分权利，如经营权、选举权等；"益"的含义是指，股票持有人享有公司的如股息、红利等货币及非货币形式的收入。权益类资产的特点是价格波动性大，风险收益具有较高的不确定性，对这类资产的投资一般需要投资者拥有一定的专业投资知识和投资经验。其收益不能得到保证，有时可能赚得很多，有时也可能亏得很彻底。市面上有很多不同种类的基金，基金就是将许多中小投资者的钱集中在一起，交由专业的基金管理人员运作，从事股票、债券等金融产品投资，以进行利润获取的一种集资性投资工具。

**固定收益类资产**

与权益类资产不同，固定收益类资产能稳定保障收益。固定收益类资产主要包括银行存款、债券、货币市场工具、债券基金、类固收信托。这五者都具有较为稳定的收益特征，风险极低，除非发生突发信用违约风险或流动性风险。银行存款是最普通的固定收益类金融产品，具体包括活期存款、定期存款、大额存单等，本金安全性高，但收益较低。债券包括常见的国债、地方政府债、金融债、公司债。这些产品信用等级依次递减，风险收益也各不相同。如由于投资者承担的风险更高，公司债的收益率一般要高于国债。AAA 级公司债是信用评级最高的公司债券，投资者可选择公开发行的 AAA 级债券投资，获取稳定收益。货币市场工具是指一年期以内具有较高流动性的低风险证券，具体包括一部分商业票据、中央银行票据、银行承兑汇票、一年期以内的债券等。货币市场工具往往由机构投资者直接进行参与，有较高门槛；普通投资者只能通过购买货币基金或者是相关银行理财产品等方式间接参与。债券基金，指专门投资于债券的基金。债券基金可以投资于国债、金融债和企业债。根据中国证券监督管理委员会《公开募集证券投资基金运作管理办法》第三十条之规定，百分之八十以上的基金资产投资于债券的，即为债券基金。与股票基金相比，债券基金的收益相对稳定，风险也更低。类固收信托是信托公司发行的高端理财产品，投资门槛较高，属于中等风险产品。

## 第三节 | 分散风险——另类投资

前面所说的银行理财、权益、债券等投资属于家族办公室中的传统投资，除传统投资以外的其他投资一般被统归为另类投资。依据贝莱德资产管理公司的定义，另类投资的另类既可以体现在投资标的——资产上，如基础设施、房地产和私募股权；也可以体现在超越传统投资方法的投资策略上，如卖空和杠杆。其实对于家族办公室而言，构建另类投资组合主要目的是提高投资回报和分散风险。因此，另类投资通常被用作分散组合风险工具，被称为替代投资和非主流投资。

下文将会对外汇、券商集合资产管理计划、私募股权、私募基金（对冲基金）、私募债、合格境内机构投资者 QDII 产品、黄金、房地产、基础设施、矿业与能源、碳排放权、金融衍生品及商品衍生品、艺术品及收藏品等每个家族办公室都会涉及的另类投资产品进行概念性的介绍，以确保有意设立家族办公室的高净值人士，或者家族办公室的初期从业人员能够对此有初步印象，以供后续深入研究。另类投资也包括保险和信托，这两部分内容可见本书第三、四章。

### 外汇

外汇（foreign exchange，forex）简单说，就是国际汇兑的简称。除本国法定货币外，其他国家的货币都可以简单理解成外汇。广义的外汇是指国家拥有的能以外国货币来表示的资产，如境外银行存款、政府债券等形式的债权；狭义的外汇是指各种可以用外国货币来表示的支付手段。按照国际货币基金组织 IMF 的定义：外汇是货币行政当局（中央银行、货币机构、外汇平准基金、财政部）以银行存款、财政部债券、长短期政府债券等形式保有的在国际收支逆差时可以使用的债权。

随着中国外汇体制改革及个人购汇制度的放宽，外汇已成为中国人选择的热门金融产品之一。外汇交易之所以受到投资者的广泛欢迎，离不开外汇交易的几大特点：第一，外汇具有公开透明、交易公平、24 小时实时交易、杠杆大等独特优势。全球共有 30 多个外汇交易中心，遍布于世界各大洲不同国家和地区，可在全天 24 小时连续作业，外汇交易者可在全天 24 小时，对全球发生的政治、经济和社会事件实时做出反应；并且，随跨国资本的全球流动加速，汇市已成为全球最大的金融市场，参与者众多，成交量巨大，信息相对透明，市场很难被操控。第二，外汇市场交易品种主要集中在美元、欧元、加元、澳元、英镑、日元、瑞士法郎等几种货币上，方便选择，并且交易无须面对面，仅凭电传、电报、电话及现代通信网络完成，简洁高效。第三，可看涨看跌，双向交易，避免套牢，并可自行设置损失额度自行平仓，风险可控。在做资产配置时，可将外汇作为规避通货膨胀的一种投资策略。

## 券商集合资产管理计划

简单说，券商集合资产管理计划就是证券公司设立资产管理计划，接受并集合客户资金（依管理计划不同，单个客户资金数额不得低于 5 万元或 10 万元），并将集合的资金交由托管机构托管，以用于股票、债券等金融产品的投资理财服务。这是证券公司为高端客户开发的理财产品[①]。截至 2023 年 4 月，已经有 2 656 只券商集合理财产品发行。券商集合理财产品已经成为中国资本市场不可忽视的投资力量。

券商集合资产管理计划的主要特点是其介乎基金与私募之间，它对资金募集对象的要求没有私募那么高，但又比基金要高一个台阶。它比较适合资

---

① 券商理财产品还包括收益凭证和质押式报价回购。

金体量较大、对本金保障性要求高、想获取更高收益的长线投资者。相比于开放式货币基金，券商集合资产管理计划收益率较高。券商集合资产管理计划一般有 3 个月到 1 年左右的封闭期，投资者只能在开放期进行参与或退出，流动性较差。与公募基金类似，券商集合资产管理计划也是收取、申购、赎回费用（也可收取管理费或按收益比例计提管理费）。可以看到，券商集合资产管理计划具有集合理财、专业管理、组合投资、分散投资的特点。

## 私募股权、私募基金（对冲基金）、私募债

私募股权、私募基金（对冲基金）、私募债从名字看，都有私募二字。私募，与公募的区别就是是否以公开的方式向特定对象募集资金，以公开方式募集资金的，称为公募；以非公开方式募集资金的，称为私募。二者的资质、备案、发行、监管等各方面要求完全不同。

私募股权（private equity，PE），就是指以私募方式筹集资金，投资标的为非上市公司股权。立足于市场周期，私募股权投资往往关注那些正在经历重大变革，或那些有持续成长潜力的细分领域。此外，私募股权也可投资于上市公司非公开交易股权。其运作方式有合伙制和公司制。合伙制私募股权管理人一般需要出资 1%，并承担无限责任，根据风险和收益对等原则，他们所获收益采取国际通行 2-20 模式（即 2% 管理费并计提收益 20%）；基金剩余 99% 由合伙人出资，且只承担有限责任。公司制私募股权是指通过设立股份有限公司或有限责任公司进行股权投资运作。这一模式的优点在于其具有明确的法人治理结构及完善的退出机制，缺点在于存在双重征税（既要以公司名义缴纳经营税费，还需以个人名义缴纳个人所得税）。

广义私募股权包含风险投资（venture capital，VC）。PE 和 VC 的区别在于 VC 投资规模较小，一般只有几百万到几千万元，比较适合初创期企业，投资领域主要集中在新兴产业和高科技公司；而 PE 一般投资规模较大，适合成长性较好的传统行业和即将上市的企业。

能够看到，私募股权投资具有投资期限长、高风险和高收益的特点，与其他资产类别相关性较低，更强调企业的价值投资和企业运营属性。主要投

资一级市场未上市公司股权。私募股权投资退出主要有公开上市（IPO）、并购、管理层收购、清算这几种方式，其中IPO方式收益最大，并购和管理层收购最常用，并购和管理层收购可以以较短投资周期更快速度回流资本。

私募基金（privately offered fund）在国外并不存在法定概念，在我国主要是指那些经主管部门批准或登记备案，通过私募方式募集资金而设立的基金，其与私募股权最大的不同在于投资标的不同，私募基金主要投资于二级证券市场。

私募基金从概念的经济内涵来看，与美国的对冲基金（hedge fund）非常相似。在美国，对冲基金并非仅采用对冲方式构建投资组合降低风险，追求收益，而是采取各种金融衍生工具（如期权、期货）、投资策略、投资手段追求利润最大化，这点与中国私募基金相似。因而，在中国，也有人将私募基金称为对冲基金。但并不能把中国的私募基金完全等同于美国的对冲基金，二者还是存在一些区别的。比如对冲基金不受共同基金监管，中国私募基金需要接受中国基金协会管理约束；两者的注册要求不同等。

私募债的概念可以从"面向公众投资者的公开发行的公司债券"和"面向合格投资者的公开发行的公司债券"演进来理解。"面向公众投资者的公开发行的公司债券"俗称大公募，发行条件需要债项评级达到AAA级别，累计发行债券余额不超过净资产的40%，最近三年年均利润对债券一年利息覆盖超过1.5倍，资金募集对象包括所有公众投资者。"面向合格投资者的公开发行的公司债券"俗称小公募，发行条件不需要AAA评级，资金募集对象为合格投资者（主要包括各类金融机构及拥有300万以上金融资产的个人）。按照天津股权交易所《私募债券业务试点办法》，私募债实质是指在中国境内依法注册的公司、企业及其他商事主体，在中国境内以非公开方式募集和转让，约定在一定期限还本付息的债券。社会上很多人将私募债理解为中小企业私募债，但从新的《公司债券发行与交易管理办法》来看，私募债欢迎所有企业发行，其性质有些类似于非公开定向债务融资工具（private placement note，PPN），主要是为处于成长中的企业提供便利的融资方式。

## 合格境内机构投资者 QDII 产品

合格境内机构投资者（qualified domestic institutional investors，QDII）产品，简单说，就是由具有合格境内机构投资者 QDII 资格的各金融机构发行的境外理财产品，是指在资本账项未完全开放的国家（地区），在该国境内设立具有 QDII 资格的金融机构，经该国有关部门批准，募集国内投资者的资金，投资境外市场，获取收益的一种理财方式。从资金募集渠道来看，它属于公募基金产品。发行机构可以是银行、基金、证券，甚至信托公司。

不同于国内其他金融产品，QDII 产品投资市场可扩充至美国、欧洲、日本及其他一些新兴市场，可在一定程度上分享全球经济增长的成果，降低单一市场投资风险。QDII 投资品种除海外资本市场挂牌交易的股票债券以外，还可以包括存托凭证、结构性投资产品、金融衍生品、资产抵押证券、公募基金等。投资标的的丰富多样为获取更高收益提供了更好保障。

## 黄金

黄金具有金融和商品双重属性。20 世纪 70 年代美国布雷顿森林体系崩溃后，黄金定价模式开始脱离政府，转为由市场供求决定。黄金作为一种无国界货币，影响国际金价的因素有很多，如国际政治、经济、汇市、利率、货币政策、各国央行库存储备黄金增减、黄金开采成本、原油价格、工业及饰品行业用黄金数量增减等都可造成黄金价格波动。一般而言，黄金与原油存在正相关关系，与美元、股市、利率之间存在逆相关关系。原油价格上升预示着黄金价格也要上涨，原油价格下跌预示着黄金价格也要下跌；美元上涨，金价下跌，美元下跌，则金价上涨。股市和利率也体现了与美元相同的变动规律。但也有观点认为，利率对黄金价格影响较弱。

目前国际市场可以投资的黄金品种有美国 Comex 期金、本地伦敦金、日本 Tocom 期金、港金等，国内则可直接投资实物黄金、纸黄金、黄金期货、An（T＋D）、黄金股票、黄金基金等品种。通过使用黄金投资这一投资工具，可以充分发挥黄金投资的独特优势，如可 24 小时交易，市场透明，很难被操纵，产权转移方便，不需要登记，税负最轻，在财富传承时，可直接将财产变成黄金，以规避巨额遗产税。此外，黄金还是一种非常好的抵押物品，相比于房产，银行一般都会以评估价 90% 以上的金额发放短期贷款（房产只能拿到 70%）。

## 房地产

与黄金相似，房地产受通货膨胀的影响也较小，并且通常会随通胀而升值。投资房地产可以有效对冲通货膨胀风险。直接投资国内及海外房地产是目前绝大多数人进行房地产投资的主要途径，其投资逻辑是出于长期投资角度，希望获得资本保值增值、消费等多方面的功能。

一般而言，投资海外房地产与国内房地产的逻辑有很大不同，国内房地产目前持有成本处于全球较低水平，除前期交易费用以外，基本没有别的费用；而以美国为例的房地产持有成本非常高，除交易费用外，还需要缴纳房产税、房屋维护费、保险、管理费等费用，政府通过征收较高的房产税、交易税和空置税来抑制房地产市场的投机行为。因此，在做全球房地产资产配置时，需尽可能了解所投资地区的货币、房地产税收政策以及生活成本，防范泡沫风险。

由于房地产投资起点金额较大，直接投资往往会占用大量资金，不利于分散风险。投资者还可以使用间接投资，如房地产信托投资基金（real estate investment trusts，REITs）来间接分享全球房价上涨红利。REITs 是信托基金的一种，通过发行收益凭证，募集投资者的资金，由专门投资机构进行全球房地产投资经营管理，并将房地产投资收益按比例分给投资者。与直接投资房地产相比，REITs 优势在于：投资者能以较少的投资分散投资全球不同地区和不同类型的房地产（类似基金），不需要考虑折旧及自己管理维护房地产，即可以低的交易成本得到风险高度分散的全球房价上涨收益。目前国内发行的类 REITs 并非标准意义上的 REITs，多为私募形式，且主要面向机构投资者，普通投资者很难参与；国内上市公募发行的 REITs 产品，截至 2023 年 8 月，虽已有 28 只，但大多数与房地产不相关。国内投资者如欲获取海外市场房地产上涨红利，可在投资组合中加入海外 REITs 基金，增加资产组合收益率。

## 基础设施

基础设施是指能够满足社会公共需要，可服务社会生产流通和人们生活的各种硬件和服务总成。社会基础设施主要包括：公共交通（道路、桥梁、地铁、电车、公共汽车、索道、停车场）、公共通信（电信、邮政）、公共安全（防洪、防震、消防）、能源服务（电力、煤气、热力、天然气、自来水）、环境卫生（园林、绿化、垃圾处理、污水处理）、日常公共服务（教育场所、文化场所、体育场所、娱乐场所、卫生保健、福利设施、房屋修缮、火葬场所）等。基础设施一般处于上游产业部门，在产业链中占有优先发展重要地位。为取得社会各行业协同发展，一般要求基础设施建设适度超前发展。因此基础设施投资是一种社会先行成本。

## 矿业与能源

矿业能源位于社会生产的最初环节，能够为社会生产提供原料和动力，是人类社会赖以生产和发展的物质基础。燃料（煤、石油、天然气、可燃页岩及核动力燃料铀、钍）和原料（铁锰铬黑色金属、贵金属、稀土金属）都需要开采才能发挥作用。因此矿业是国民经济基础产业。由于矿产能源在地球的分布并不均匀，且不可再生，容易耗竭，从而使得它们的开发和使用具有巨大的投资空间。近几年锂金属价格的暴涨就是一个实例。

国际能源署能源供应、前景与投资部主管蒂姆·古尔德表示，为实现净零碳排放，对许多矿物的需求量远超化石燃料。如锂、镍、钴、锰和石墨对于电池技术至关重要，稀土元素对于风力发电和电动汽车必不可少（风力涡轮机和电动汽车发动机中的永磁体为实现永磁，离不开稀土元素参与），铜是所有电力技术的基石。可以看到，矿产能源和基础设施投资是战略投资。对这些领域投资拥有非常大的获利空间。但资金投入量大，技术要求高，非一般投资者能够参与。在资产配置组合表中，投资者可以使用公募或私募方式以集合资产或信托方式取得行业上涨带来的红利。

## 碳排放权

碳排放权交易自 2021 年 7 月 16 日开市后，就引起了投资者的广泛关注。碳排放是指煤、石油、天然气等化石能源燃烧，工业生产，土地利用变化与林业等活动产生的温室气体排放，也包括因使用外购的电力和热力等所导致的温室气体排放。碳排放权则是指分配给重点排放单位的规定时期内的碳排放额度。

碳排放市场交易原理是，碳排放低于标准的企业可以通过在碳交易市场卖出配额获利，碳排放超出标准的企业需要买碳排放配额来完成年度的碳排放指标，通过市场化手段实现碳排放配额价格逐步达到其排放的社会成本，推动碳排放企业自主向绿色低碳方向改革。

碳排放交易市场的顶层设计决定了碳排放配额总量将逐步收紧，获得碳排放配额的成本将逐步增加。对于很多重点碳排放企业，1% 的排放量变动就意味着每年数万吨的碳配额盈亏和数十万乃至上百万元财务上的损益。对全国碳排放权交易配额总量设定和分配实施方案，生态环境部已制订计算方法和相关规定[1][2]。

目前，从全球来看，欧洲碳排放交易体系（the EU Emissions Trading System，EU-ETS）是规模最大、覆盖面最广的碳交易市场。碳市场的投资受全球经济、能源价格等多种宏观因素影响。国内现在虽然许多交易所对个人投资者开放，但是碳交易从本质上讲并不适合普通投资者参与，操作需要很强的专业性，如果投资者不熟悉相关政策，投资风险将会很高。

## 金融衍生品及商品衍生品

衍生品往往都具有较高的资金杠杆性，同样的资金可能被放大至十几倍或者几十倍。金融衍生品及商品衍生品之所以叫衍生品，是因为它们的价格衍生于另外一种资产的价格表现。常见的衍生品包括远期合约、期货合约、

---

[1]　https://www.mee.gov.cn/xxgk2018/xxgk/xxgk06/202211/W020221103336161991455.pdf

[2]　https://www.mee.gov.cn/zcwj/zcjd/202303/t20230316_1019718.shtml

期权合约以及互换合约等。这些合约资产标的可以是股票、股票指数、债券、利率、汇率，也可以是大宗商品。对于这类产品投资，建议投资者一定要掌握相关的专业投资知识与技能，并拥有雄厚的资金实力，否则风险将会很高，损失也会很大。

🔰 **典型案例**

张三卖出股票看涨期权给李四，李四付给张三权利金10元，双方约定一个月以后李四以每股100元的价格买入股票。一个月以后，如市场上股票价格每股150元，则李四肯定会行权。此时，张三收益为110元（权利金10元及李四买股票价格），李四即以低于市场价（150元）的价格100元获得股票，而后李四可将行权获得的股票卖掉，差价（150元-100元=50元）即为盈利。如一个月以后，市场上股票价格为每股90元，则李四肯定不会以高于市场价（90元）的价格（100元）去行权，此时张三获益10元（李四交付的权利金），李四损失10元（交付张三的权利金）。

从实例分析我们可以看到，对于看涨期权买方，最大损失为权利金，收益上不封顶。看涨期权的优势在于可杠杆买入，获得加倍收益。比如李四手里只有100元，如直接购买股票（市场价100元），则他只能购买一股，但如果购买看涨期权，他可以购买很多股。

对于看跌期权，其买方拥有在期权合约有效期内按约定价格卖出一定数量标的物的权利。比如张三卖出股票看跌期权给李四，李四付给张三权利金10元，双方约定，一个月以后李四以每股价格90元价格卖出股票给张三。一个月以后，如市场上股票价格每股80元，李四肯定会行权。此时，张三损失为90-10 = 80元，李四即付出10元保证金把股票以90元价格卖给张三，收益为90-80-10 = 0元。如一个月以后，市场上股票价格每股100元，李四肯定不会行权，此时，张三收益为李四付出的权利保证金10元，李四损失为10元（即交付张三的权利金）。

从分析中可以看到，对于看跌期权买方而言，其最大损失是权利金，收益上不封顶。购买看跌期权可以简单理解为购买方购买了一个未来能以高价（行权价）卖出现在已经跌得很低的价格标的资产。看跌期权实际上并不要求购买方真实持有股票，可以理解为，当股价下跌以后，购买方（即期权持有人）准备行权时马上低价买入股票，然后以高于股价的执行价格卖出股票，这样购买方就获得了价差收益。

## 艺术品及收藏品

艺术品及收藏品的稀缺性和不可再生性使其在资产保值和增值方面具有独特优势，在国际资本市场，艺术品和收藏品已经成为资产配置中非常重要的投资类别。

与股票、债券等传统投资资产类别相比，除具有金融属性外，还具有其作为艺术品和收藏品的特殊属性，如投资艺术品和收藏品对投资者的审美和鉴别能力有高要求，投资交易成本更高（需要保管、维护、鉴定、拍卖等中间费用）；投资交易周期会更长（需要借助拍卖公司拍卖等方式变现），流动性较差（实物资产）。但由于艺术品和收藏品具有同其他金融资产和实物资产很低的相关性，其具有特别的资产配置属性。艺术品和收藏品投资除可借助一级市场（画廊、艺术博览会）和二级市场（拍卖业）进行直接投资外，还可借助艺术品金融衍生化产品，如艺术品基金、艺术品信托等间接方式分享艺术品升值红利。

由于艺术品和收藏品需要投资者对其投资价值有准确的预估和判断，较高的门槛阻挡了很大一部分投资者，因此在一定程度上使得投资者获得倍级回报的可能性大幅提高。与黄金相比，艺术品和收藏品的长期回报率更好。

图5-3展示了2022年亚太地区家族办公室各类资产的配置比例。

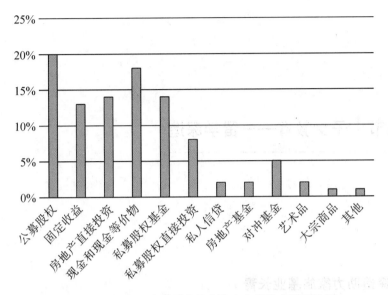

**图 5-3    2022 年亚太地区家族办公室各类资产配置比例**

资料来源：花旗银行，《2023 年全球家族办公室调查报告》

## 第四节 | 子女教育——留学深造

### 留学深造助力家族基业长青

家族办公室会把家族每个成员的定位区分得很清楚，一代的使命是创造财富，后续接班人的任务是管理财富、传承财富，这是接班人们必须掌握的技能。家族办公室通常会运用子女教育及财富管理这两个战略资源进行高效管理，使家族财富的未来掌管者们拥有更强大的交际能力、财富创造能力、财富管理能力，避免家族的财富受到不必要的政策、婚姻、债务、税收等风险的影响。

通常来说，设立家族办公室的高净值人士会出于以下几方面考虑进行身份规划：资本保值和增值、财税优势、个人与家庭因素、政治和经济发展稳定性、私人和社会权益。中国的家族办公室可能更关注子女的培养，往往会送子女出国深造，一方面可以开阔视野，另一方面留学深造也可以培养其独立能力。

---

### 🔖 典型案例

李总在机械加工领域奋斗多年，事业经营得顺风顺水，但其身体一直不太好，年近40才生了一个宝贝女儿李露，非常开心。但是又开始担心起女儿的教育问题，妻子读书不多，贤惠有余但教育孩子根本帮不上忙。而自己也忙于生意，分身乏术。

李总希望将来把女儿送到国外，培养女儿的独立性，也让女儿有国际视野，将来可以带领公司开拓国际市场。女儿学习成绩中等，运动能力一般，并无任何异于常人之处。李总深知，就女儿目前的状态，就读美国常青藤学校的可能性并不大，但他还是希望女儿能够至少进入全球排名前100的学校。一来是希望女儿将来有个更好的事业交流圈子，二来也希望未来公司的掌门人有更高的眼界。家族办公室综合李总的愿望和李露目前的状况，建议李露可以走体育特招生的路径。家族办公室以哈佛大学和耶鲁大学为目标，两个学校的体育特招生项目中技巧性比较强的运动有高尔夫、击剑、帆船、壁球等，其他的对抗性比较强的项目有越野、曲棍球等。中国人的身体情况更适合选择技巧性强的项目，李露今年已经十多岁，规划稍微有些晚了，如果能够在更早的4~5岁开始规划，可供选择的路径会更多，李露还可以更好地结合自身的兴趣进行选择。最终家族办公室为李露选择了高尔夫项目，成功率更高一些。而且选择高尔夫也能提前开阔李露的眼界，结交更多高净值人群和未来的事业伙伴。

家族办公室为李露制订了学业、训练、竞赛全方位规划。经过3年的练习，李露成功拿到了一些国际高尔夫比赛的奖项。最终凭借高尔夫特长顺利入读耶鲁大学，大三以交换生的身份入读北大，正式成为了北大学生。

---

家族办公室本身就肩负着接班人培养这一使命，其必须要有对家族成员，特别是家族接班人的国际身份进行规划的意识与实践。在当前全球环境

下，中国一些高净值人士早已把留学深造视为发展和培育子女、改善国际迁移能力、保障家庭财产及税务安排的一个重要途径。家族办公室的职能之一就是为高净值人士制定子女教育版块相关的规划。

## 企业接班人留学规划

人是最重要的战略资源。对于家族企业来说最核心的利益应属子女的教育和财产的保值增值。进行身份规划，或许可以开启以高录取率入读国内外名牌大学的机会。而为成功进入世界名校，扩宽企业接班人的视野，还需要提前做好规划。

---

**⮂ 典型案例**

高总的儿子小高就读了某国外公立 A 中学，免学费。A 中学每年高中毕业生 300 人，学生来源仅限该中学所在地的市区。A 中学每年世界顶级名校的录取比例超过 30%，每年哈佛大学录取率有 11%左右。

而小高的好朋友 Tim 就读的是 B 私立中学，学费每年需要 35 万元人民币，其每年总额 300 名的高中毕业生中，哈佛大学录取率仅有 4%，即 12 人左右；B 私立中学的学生来自全球各地，即便想花钱进入，也是非常不易。

能明显看到，如能进入花费少，且藤校录取率更高的 A 中学，可以说小高的半只脚已经跨入藤校大门。而小高之所以能在 A 中学上学，源于高总提前做了相应的规划。

---

特别对于高净值人士来说，留学规划越早越好，高中规划好是进入世界名校最好的跳板。另外，世界顶级名校倾向于录取在高中生涯中那些专注于若干核心兴趣而有所长的人，一个学生参与竞技体育、社区服务、学术俱乐部或其他任何事情都是可以的。重要的是，他在这些活动中究竟学到了什么，其重头戏在于课外活动及课外活动取得的成果，比如某一级别的奖项、发明创造、有社会影响力的活动。要达到这么高的录取要求，在激烈的竞争

中胜出，家长还必须做专业化的规划，比如在体育特招生或艺术类项目上下些功夫，如高尔夫、滑雪、学校运动队、管弦乐队演奏、各种学术竞赛等。

　　家族办公室在为家族未来的接班人规划接受高质量教育路径的同时，还应该对家庭资产在相应国家或地区进行合理配置，通过分散投资，捕捉境外投资机会，实现财富保障升级、风险防范升级，进而实现生活品质升级。

## 第五节 | 实战分析

**规划关键词：激进性投资、子女能力培养**

**家庭情况：**

黄总，著名风险投资机构创始人，早年离异，一人抚养两个女儿。

**投资情况：**

- 黄总为自己和两个女儿设立了两个资金池。

- 黄总是一个比较有控制欲望的人，她所有的开支均由自己打理，从来不会寻求任何人的帮助，但是黄总工作太忙了，只能在闲暇之余用个人的资产进行一些简单的投资。

- 作为一名风险投资机构的创始人，黄总非常熟悉各类投资方法，尤其对投资标的企业尽职调查流程的把控非常严格。

- 作为风险投资行业老兵，黄总已经习惯了快速的工作和生活方式，她希望未来的投资顾问也能够适应她的工作模式，并且可以根据市场的变化做出更为敏锐的反馈，但是她接触过几个投资机构，合作下来都不够理想，觉得这些机构并没有和她站在一条战线，有时还需要和这些机构进行利益拉扯。

**客户需求：**

- 黄总认为，严格的资产配置流程可以提高她个人投资组合的质量。但黄总因为繁忙的工作，没有时间系统地处理个人资产的投资事宜，因此黄总的财富投资缺乏明确的战略和结构。

● 黄总希望有一个专业的机构对她的个人资产进行管理，拟订周到的策略，对资产配置进行指导，以实现家族投资组合长期增长的目标。

● 黄总希望在近几年内退休，因为她有些体力透支，觉得风险投资行业已经不太适合她了，她开始考虑家庭财富的长期计划。

● 黄总是金融行业老兵，她深信适者生存的狼性文化，所以她并不准备给两个女儿留下过多的财富。她坚信她的女儿们凭借自身的才华和能力，必将超越她的成就。然而，黄总仍然希望尽己之力，为两个女儿的未来打下坚实的基础。因此，在她职业生涯的最后几年，她渴望继续扩展业务范围，为两个女儿铺平道路。

**知识加油站**

### 什么是尽职调查？

尽职调查（due diligence，DD），一般是指股权投资项目的一个流程，投资人在与目标企业（指被投资企业或者被收购企业）达成初步合作意向之后，会对目标企业进行调查，以明确目标企业的各项情况，并据此做出是否投资的最终决定。

尽职调查主要包括对目标企业的业务、财务和法律等方面的调查。业务方面的调查包括目标企业的基本情况，团队、客户、供应商和竞争对手等的情况。财富方面的尽职调查包括查看目标企业的财务报表等。法律方面的尽职调查包括目标企业的债权债务问题、重大合同履行情况，重大诉讼等。

**规划要点：**

● 黄总家族的规划主要集中在两个方面：协助黄总突破个人朋友圈的地域限制，扩展她的事业版图，让她在退休后仍能发挥余热；培养两个女儿的能力，赋予她们强大的翅膀，让她们未来自由翱翔。不同于其他的家族规划，黄总家族不存在财富的代际传承问题。

• 对于黄总这样的家族，运用法律工具做风险预防并不重要，但确保两个女儿具备投资和婚姻家庭领域所需的法律知识则十分重要，让她们具备风险意识，以便未来能够自主做出决策。

• 家族办公室对黄总家族的规划方案主要分为两部分。第一，投资组合；第二，子女培养。

（1）投资组合规划

• 家族办公室与黄总一起成立了一个单一家族办公室，为黄总配备了专门的投资团队。

• 黄总因为工作繁忙疏于打理，故此前持有过多的在国外上市的大公司股票，但此类股票过于稳健，近年来并无太大波动。家族办公室对黄总家族当前的投资持股和现金流需求进行了分析。在回顾现有的投资组合时，家族办公室注意到现有投资组合与家族的风险承受能力并不匹配。

• 鉴于黄总以往丰富的私募领域投资经验，家族办公室的投资团队建议黄总的投资组合应该以财富增长而非稳健为导向，并且实施更为完整的投资组合策略。投资产品中应该以激进型的产品为主，对于黄总和两个女儿来说投资经验比投资结果更重要。

• 家族办公室为黄总物色了具备全球视野的私募投资专家，以便对黄总在全球投资经验上的不足做补充，并扩大黄总在私募投资领域的朋友圈。黄总开始在她以往从未涉足的领域进行业务扩展，在职业生涯的最后几年可以继续发光发热。

• 黄总保持着以往的工作习惯，始终保留对所有的投资组合的最终决定权，而家族办公室也非常尊重她的选择，并尽可能让黄总参与所有的投资流程，让她更有掌控感。

（2）子女培养规划

• 家族办公室为两个女儿成立了一个创业孵化基金，这支基金的目的是培养未来企业的领导者和传承家族文化。

• 这支基金的20%会给两个女儿做创业资金，让两个女儿主导进行一些投资项目，家族办公室会协助打理两个女儿的资金池。家族办公室为两个女儿制订了一个为期 3 年的学习计划，并为两个女儿配备了各相关领域的导师，导师会定期与两个女儿进行线上或线下的沟通，相关的费用也由创业资金支持。

●这支基金的 60% 会作为家族产业基金，由黄总主导两个女儿深度参与，以帮助两个女儿尽快熟悉投资行业。

●基金剩余的 20% 会作为家族文化传承之用。家族办公室会为两个女儿制订一系列包括文化和健康等在内的学习内容，并会根据个人的兴趣和情况参加越野、划船、极限挑战等活动。

●黄总不会给两个女儿留下过多的财产，所以对于两个女儿，家族办公室仅为她们配备了基本的保险并设立了保险金信托，以作为创业失败时兜底的生存费，让她们放开手脚，大胆地做她们想做的事情。

# 第三部分

# 家族办公室的法税工具

◎ 家族办公室保驾幸福婚姻

◎ 家族办公室铺路财富传承

◎ 家族办公室助力企业长青

◎ 家族办公室助力税务合规

# 第六章　家族办公室保驾幸福婚姻

　　很多家族办公室成立的初衷就是解决家族中存在的关于婚姻和继承的法律问题。笔者就职的家族办公室中的很多客户,也曾经是婚姻诉讼中的当事人。家族办公室提供的法律服务具有定制化和私密化的特点,是很多家族定分止争的重要工具。

## 重整破碎的家庭

75岁的周总辛劳一生，成功创办了享誉海内外的新能源公司，这使得他成为当地最富有的人。但是周总却有一段不为人知的往事。十年前，周总突然收到一份起诉状，和自己相濡以沫半生的伉俪周太太居然向法院提起了离婚诉讼。因为周总长期忙于工作，完全忽略了家庭，周太太觉得这不是她想要的生活，所以提出了要和周总离婚。更令周总感到伤心的是，几个孩子也都非常支持妈妈的决定，坚定站在妈妈这一边。

在专业婚姻律师团队的帮助下，周总妥善地处理了此事，成功挽回了家庭。但是这件事情却给周总上了一课。周总意识到是自己太过关注企业发展而忽略了家庭，错过了对子女的教育，与亲人越走越远。随后周总召开了家庭会议，把家庭、信仰、诚实和正直作为整个家族的价值观。

周总还成立了一个单一家族办公室，主要的作用就是增强家族的凝聚力，树立家族成员正确的价值观。为了实现这一目标，家族办公室采取了一系列行动，包括举办家族年度大会、家族游学、起草家族宪章、小规模项目模拟投资、慈善义卖、捐赠等活动。家族办公室让周总的兄弟姐妹们都参与进来，让他们在家族办公室中承担部分职责，鼓励了所有家族成员的积极性，让亲友之间的往来前所未有的紧密。通过对家族根源、历史和传统的探索，家族办公室协助周总拟定了价值观声明，旨在为周总家族如何作为一个有机的整体进行运作提供方向。

家族每年会召开一次年度大会，代表三代人的40多名家族成员齐聚一堂。家族办公室将其命名为"家族愿景务虚会"。在务虚会召开前两到三周，家族办公室会为家庭成员提供需要考虑的问题，以便这些家族成员做好准备，并在务虚会上更有效地表达自己的想法。这些问题包括你认为务虚会的目的是什么？为什么我要来参加？我需要做什么？我需要带些什么？此过程的预期结果是什么？务虚会并不会100%外包给第三方的供应商，家族成员、董事会成员、员工等也需要做一些后勤工作。会议的主办人需要确保家族领导层的参与和支持，并能向其他家族成员清楚地阐述本次会议的价值。每一代人中都有一名成员加入会议筹备委员会，帮助进行规划和执行，包括起草议程，活动用品采购，提前进行实地考察，为供应商设定工作标准等。一些具有特殊才能的家庭成员还会承担一些不同的任务。

务虚会每年最重要的议题是探讨整个家族的价值观。会议的第一轮采用类似"月光社"①的议事方法，每个家庭成员都可以提出自己的想法或建议，其他人不能提出反对意见，只能说出自己可以为此提供的资源；第二轮则开启辩论环节，每个人都要坚定地阐释自己的观点，逐一辩论，在小组中胜出的成员再和其他小组胜出的成员继续辩论，最后由全体人员无记名投票决出冠军。

这个会议是务虚会的重头戏，也是家族成员每年最期待的活动。一来，真理越辩越明，将家族共同的价值观放在阳光下才能让所有家族成员形成更深刻的认同感；二来，这是家族成员展示自我思辨能力的舞台，年轻一代会有很多黑马出现，而且成熟稳重的中年人也热衷于分享自己的感悟，以期对下一代有所启发；三来，通过辩论更增加了家族成员的凝聚力，每个人都意识到，自己是这个家庭的一分子，所有讨论的话题都与在座的人相关，没有人是局外人；四来，讨论的过程更加重要，在讨论中以往不熟悉的三代们有了思想上的碰撞，一年都没有来往的二代和一代们有了家人那种熟悉的温暖感。家族办公室员工、独立董事会成员以及主要合作伙伴一起，也开展了类似的价值观讨论活动，他们的个人价值观讨论报告将与家族办公室的业务使命相关联。

务虚会的最后一天是家庭日，上午是只有成年子女参加的心理辅导，会聘请著名的婚恋专家进行分享，下午是包括孩子在内的户外活动，以各类非常新颖的团建项目为主。

时至今日，周总不但家庭和睦，其所建立的家族办公室还为几个多代家族和单一家族办公室提供类似的协助提升家族凝聚力的服务。这些家族都对周总的家族办公室抱有极大的信任，认为周总活成了他们想象中的一个家族大家长的样子。

---

① 月光社是由十几位生活在英格兰中部的科学家、工程师、仪器制造商、枪炮制造商在1756年组成的社团。1765年至1813年，成员们定期在英格兰的伯明翰聚会。起初学会的名称为月光派（Lunar Circle），1775年正式更名为月光社（Lunar Society）。

## 第一节 │ 避免婚前财产混同——婚前协议

在众多的婚姻纠纷案件中，婚前财产混同是开启财富管理规划非常重要的一个触发因素。很多高净值人士担心会发生婚前财产混同，于是希望在结婚之前进行财产规划。所以对于家族办公室来说，必须理解这些法律问题，并善于运用多种法律和金融的组合工具来防范和化解相关风险。

### 婚前财产混同的风险

婚前个人财产，在婚后仍然属于该方个人财产，相关规定是《最高人民法院关于适用〈中华人民共和国民法典〉婚姻家庭编的解释（一）》（以下简称《民法典婚姻家庭编解释（一）》）第三十一条的规定："民法典第一千零六十三条规定为夫妻一方的个人财产，不因婚姻关系的延续而转化为夫妻共同财产。但当事人另有约定的除外。"这条法律规定并不复杂，但是在实践中，它却可能成为夫妻财产纠纷的导火索。特别是结婚时间比较长，财产积累比较多的夫妻，因为时间相隔较长，如果没有相应的凭证，无法分清个人婚前财产。这时，也就出现了我们所说的婚前财产混同的问题。

存款是最容易发生混同的财产类型。我们以案例的方式来详细解读婚前存款的混同这一重要问题。

### 🛡 典型案例

女方在婚前有 300 万的存款，与男方结婚 5 年，这 5 年期间女方用去了其中的 50 万购买相应财产。现在双方感情破裂，到法院起诉离婚，那么女方是否可以主张这价值 50 万的财产是用她个人的婚前存款购买的，应该属于她的个人婚前财产，从而不予分割呢？

对于法律问题，不能用简单的一刀切的方式来进行处理。钱款用于不同用途，其性质认定结果可能完全不同。

第一种情况，如果这 50 万用于购买房产，且女方能够有完整的证据链证明这 50 万均属于女方的个人婚前财产，则这 50 万所对应的房产份额均属于女方所有。

第二种情况，女方用这 50 万存款在婚内购买股票，日夜炒股，赚了 5 万元。根据《民法典》第一千零六十二条第（二）项，夫妻在婚姻关系存续期间所得的生产、经营、投资的收益，为夫妻的共同财产，归夫妻共同所有。所以女方通过婚前财产 50 万用于婚后炒股赚取的这 5 万元属于夫妻共同财产。不只婚内购买股票，婚内进行基金、股权等投资，所得的收益都属于夫妻双方的共同财产。

第三种情况，女方这 50 万都作为家用，用来买一些日常生活所需要的物品。这种情况下，女方是很难主张再要回财产的。

### 法院判例①

2010 年 1 月 22 日饶某与陶某登记结婚，3 天后，陶某购买一套新房产。3 月 27 日，陶某出售个人婚前旧房产得款 175 万元。7 月 5 日陶某将售房款 175 万元支付给新房屋的出售方。2014 年饶某与陶某离婚，后饶某起诉，认为陶某的旧房产是在婚内出售的，故相应款项购买的新房产应该是属于夫妻双方的共同财产，要求平均分割该新房产。

① 【海南省高级人民法院（2016）琼民终 152 号】

法院认定：陶某用婚前财产购买涉案房产的份额属个人财产。一审时陶某主张从其个人银行账户支出的 175 万元为出售个人婚前房屋所得款项，并提交了相应的购房合同、银行转账等凭证。饶某未提交该 175 万元是陶某在夫妻关系存续期间取得的应属于夫妻共有财产的证据。故本院认定上述 175 万元为陶某个人婚前财产，陶某用个人婚前财产购买涉案房产的份额属于陶某个人财产。

**法条链接**

《民法典》第一千零六十二条　夫妻在婚姻关系存续期间所得的下列财产，为夫妻的共同财产，归夫妻共同所有：

（一）工资、奖金、劳务报酬；

（二）生产、经营、投资的收益；

（三）知识产权的收益；

（四）继承或者受赠的财产，但是本法第一千零六十三条第三项规定的除外；

（五）其他应当归共同所有的财产。

夫妻对共同财产，有平等的处理权。

## 婚前财产协议逐条解读

通常来说，婚前财产协议会涉及三个方面的问题：第一，明确个人婚前财产的范围，避免其与婚后财产发生混同；第二，将原本属于一方的个人婚前财产赠与对方，或者约定该财产属于双方共有的财产，这种赠与和我们通常理解的无偿赠与并不完全相同（两种协议的对比见表 6-1）；第三，约定婚后取得财产的所有权归属方式。

表 6-1　婚前财产协议和赠与协议的区别

| 类别 | 婚前财产协议 | 赠与协议 |
|---|---|---|
| 约定内容 | ● 明确个人婚前财产的范围，避免其与婚后财产发生混同<br>● 将原本属于一方的个人婚前财产赠与对方，或者约定属于双方共有<br>● 约定婚后取得财产的所有权归属方式 | 财产赠与 |
| 形式要求 | 约定应当采用书面形式 | 没有要求，口头赠与亦有效 |
| 协议性质 | ● 附条件的赠与（以结婚为条件）<br>● 不附条件的约定（未赠与婚前财产） | ● 附条件的赠与<br>● 不附条件的赠与 |
| 财产内容 | 可以对现在已有财产和将来可能获得的财产进行约定 | 通常对现有财产的赠与进行约定 |
| 主要法律依据 | 《民法典》第一千零六十五条 男女双方可以约定婚姻关系存续期间所得的财产以及婚前财产归各自所有、共同所有或者部分各自所有、部分共同所有。 | 《民法典》第六百五十七条 赠与合同是赠与人将自己的财产无偿给予受赠人，受赠人表示接受赠与的合同。 |

但需说明的是，对于在婚前就约定将一方的婚前财产赠与给对方的以结婚为目的的婚前财产协议，则属于以结婚为条件的附条件的赠与；对于未赠与任何婚前财产，仅对婚前财产范围进行明确或者约定婚后财产的处理原则的婚前财产协议，经过双方签署即生效，并不需要附条件。这对于家族办公室的启示是，在和客户交流的过程中，对于存在婚前大额财产赠与的行为，一定要提醒客户设置一定的生效条件，而不是无条件地赠与。

## 婚前财产协议逐条详解

本节，笔者会带大家逐条详细解析一个标准的婚前财产协议。相信这样的解读对于家族办公室来说是非常有价值的，与其学一万遍原理，不如亲手实操一下。需要事先说明的是，每个财富管理案件的情况都不同，可能一个细小条件的变化，也会导致整个协议主要条款的变动，所以下文的分析仅针对普通情况，涉及具体案件时，请务必咨询专业的财富管理律师。

第一，协议的名称一定要明确为"婚前财产协议"，表明约定的时间是在婚前，约定的内容是财产相关的问题。该文件是属于一份双方之间的协议，而非单方的承诺书，经过双方签署即对双方发生法律约束力。对于婚前财产，既可以在结婚之前签署，约定所有权的归属，双方签订婚前的财产协议；也可以在结婚之后签署，这时双方之间签署的就不是婚前财产协议，而应该叫作婚内财产协议（婚内财产协议详见下一节的分析），上述几个方面的意思都要体现出来，所以协议的名称很重要，一个字都不能改动。

第二，写明双方的姓名、身份证号、住址，并且最好写清楚双方经常用于沟通的微信号。如果后续产生矛盾了，通过双方的微信沟通记录就能大概理清楚事情的来龙去脉。

第三，要写明双方之间均没有配偶，都是单身。

第四，约定具体的财产归属。本条需要明确婚前财产的范围，避免同婚后财产发生混同。如果财产较多的，也可以在附件列一份财产清单。附件的每一页都要有双方当事人的签字和日期。日期应当包括年、月、日，一个都不能少。附件和主协议要在一起签署，骑缝签字。

对于房产的产权证号等各类信息一定要写准确。如涉及财产赠与的，对于动产，要明确交付的日期；对于不动产，要明确去办理更名或者加名手续的日期，并明确手续费的承担方，明确约定各自占有不动产的份额。

对于不动产所有权归属的约定方式有两种：第一种，共同共有；第二种，按份共有。另需明确各类型财产所产生收益的归属方式。

夫妻共同共有不动产权证，是一个典型的、婚内购买的、所有权属于夫妻双方共同所有的房产证。房产证上"共有情况"一栏明确写明的是"共同共有"，也就意味着：①在婚姻关系存续期间，夫妻双方不分份额地共同享有这套房产。如果夫妻双方任何一方对外欠债，债权人都有权对整套房产行使相应的权利；②双方一旦离婚，通常情况下，应该各自享有这套房产一半的产权份额。获得这套房产的一方，应该按照届时房产市场价（或评估价，如果双方无法就市场价达成一致意见）的一半，向对方支付补偿款。

夫妻按份共有不动产权证，是属于婚内购买房产的房产证，但是双方按照约定的份额享有这套房产的所有权。在"共有情况"一栏中写明是"按份共有"。这样约定的法律后果是：①在婚姻关系存续期间，各自按照确定的比例享有这套房产的财产份额，即便任何一方对外欠款，债权人也只能主张该方享有的这套房产的份额，而不能对整个房产行使权利；②双方一旦离婚，直接按照不动产权证上各自的产权份额分割房产。获得这套房产的一方，应该以届时房产市场价（或评估价，如果双方无法就市场价达成一致意见）为基础按照份额比例，向对方支付补偿款。

综上，鉴于房产的价值往往较大，所以一旦有机会和对方签署婚前财产协议，建议一定将房产约定为"按份共有"，并保持婚前财产协议和不动产权证记载事项保持一致，以免后续出现纠纷。

第五，可以在婚内财产协议中约定双方婚后财产的归属和处理方式。例如可以约定"双方婚后工资的一半属于共同财产，另一半属于个人财产"；或者"双方婚后各自继承的遗产或接受的赠与（无论遗嘱或者赠与合同中是否确定是只归一方的财产）均为该方个人财产"等，其他的婚后取得的财产类型也可以按照这个思路来处理。

涉及股权财产的时候，建议最好约定股权及与股权相关的所有权利均属于一方的个人财产，与对方无关。约定股权归属时，一定要写明公司的名称，股权持有方所占有的比例，股权的分红和股权的增值部分应该如何分配，是仍属于一方的个人财产，还是其中一部分属于夫妻共同财产。

第六，对于银行存款、理财产品等其他金融类资产：①对于银行存款，需要约定本金部分和孳息部分如何分割；②对于年金保险，要明确婚后取得的收益归属或分割方式。年金保险的架构相对其他财产略有复杂，涉及生存受益人和身故受益人。婚姻关系存续期间领取的生存金属于投资所得，依据《民法典》第一千零六十二条第一款第（二）项的规定，其应该属于夫妻双方共同财产；身故金则属于个人财产，而非夫妻共同财产。明确债务的承担方式。如果一方有婚前债务或者婚后发生个人债务的可能性较大，最好在婚前财产协议中约定另一方无须承担对方的个人债务。但是家族办公室必须要在此处对客户进行说明：在婚前财产协议或者婚内财产协议中对婚姻关系存续期间一方个人债务的约定，不能对抗善意相对人。

我们举例说明什么是善意相对人。例如，男方和女方在婚前财产协议中约定，结婚之后男方的任何个人债务均与女方无关。结婚之后，男方成立了一家装修公司，经营所得部分用于家庭共同生活。某天，施工项目突发安全事故，需要向供应商和员工支付巨额的各类赔偿和补偿，而男方尚未足额缴纳认缴的注册资本金，故需要以个人财产在认缴资本金的范围内对公司的债务承担连带责任。而这时，女方拿出婚前财产协议，提出不能用女方婚后的个人财产承担男方债务，这一要求对于债权人来说是无效的，也就是不能对抗善意相对人。但是需要说明的是，面对此类情况，婚前财产协议对于债务的约定并不是毫无意义，此时女方可以在承担相应责任后，以婚前财产协议为依据，向男方进行追偿。但如果双方没有就财产承担问题签署过任何协议，那么女方就无权向男方进行追偿了。

第七，婚后开支。除了婚后财产的处理方式，还可以约定婚后开支的承担方式。具体约定方式可以参考：①约定需要双方共同承担的费用种类，可以包括购买家庭日常生活物品的费用，与抚养子女、赡养老人相关的费用等。②约定承担方式，可以约定对于需要共同承担的费用，双方各自承担一半，或者某一具体的比例。

第八，约定协议的生效方式。上文介绍过，婚前财产协议中如果约定将一方的婚前个人财产赠与对方，则建议以结婚为生效条件，即约定协议经过双方签署并领取结婚证之后生效。如果仅明确了双方财产的范围或婚后财产的处理方式，则可以直接约定双方签字后即生效。

## 婚前财产协议是否需要公证？

婚前财产协议是否需要经过公证才生效呢？答案是否定的，即婚前财产协议经过双方签署即生效，不需要经过公证才生效。但是建议对婚前财产协议进行公证，第一，可以证明协议的真实性。如果将来双方婚变，对簿公堂时，法院基本上会直接认定经过公证的婚前财产协议的法律效力。第二，安全的保全证据。婚姻关系存续的期间无法确定，将婚前财产协议进行公证能解决文件的保存问题。第三，更有权威感。如果双方所签署的婚前财产协议涉及的财产是几千万甚至上亿的财产，双方私下签署而不为外人所知，那么这份协议的严肃性、信服力和约束力在彼此的心中都将大打折扣。

## 婚前财产协议的平衡原则

必须提醒注意的是，家族办公室在协助客户签署婚前财产协议的时候，非常重要的一点就是"平衡"二字。不同于冰冷的商业谈判，配偶不是你的对手，更不是你的敌人。不是把己方的利益保护得滴水不漏，把对方逼到墙角就叫作成功。恰恰相反，如果对方真的委曲求全签署了这样的协议，这很有可能成为双方日后婚姻破裂的导火索。婚前财产协议的关键词应该是"幸福"，而不是"协议"。建议在婚前财产协议中可以约定，婚后取得收入的一部分属于夫妻双方共同财产，另外一部分仍然属于个人财产。而尽量不要约定，婚后各自取得的收入仍归各自所有，这无疑弱化了婚姻的互相扶助功能，两个人可能会越走越远。

## 第二节 │ 守护婚内共同财产——婚内协议

家族办公室法律事务最重要的三大组成部分包括：预防婚姻风险，传承个人财富，以及企业和个人财产分离。从笔者的角度理解，就预防婚姻风险而言，《民法典》的一千零六十二条和一千零六十三条既是起点，也是终点。《民法典》的一千零六十二条规定的是哪些财产属于夫妻双方共同财产。《民法典》的一千零六十三条规定的是哪些财产属于夫妻一方的个人财产。做婚姻规划必须严格依据这两条规定来进行，并且要确保所应用的金融和法律工具最终达到的效果也完全符合这两条的规定。在笔者看来，这两个法律条款也是整个财富管理行业婚姻规划业务最重要的指南针。

### 哪些属于夫妻共同财产？

（1）工资、奖金、劳务报酬，这都属于夫妻共同财产。

对于工资的范围可以参考国家统计局《关于工资总额组成的规定》。工资和奖金都属于"劳动报酬"，需要用工单位签署《劳动合同》，"劳务报酬"可以通俗理解为"斜杠青年"正式工作以外的收入。

**法条链接**

### 《关于工资总额组成的规定》

（1989 年 9 月 30 日国务院批准  1990 年 1 月 1 日国家统计局发布）

第四条  工资总额由下列六个部分组成：

（一）计时工资；

（二）计件工资；

（三）奖金；

（四）津贴和补贴；

（五）加班加点工资；

（六）特殊情况下支付的工资。

（2）生产、经营、投资的收益。

在私人财富管理领域的生产、经营、投资的收益主要包括两种类型的财产。第一种是经营企业所获得的收益，包括股权、期权等的分红和增值收益。第二种是金融资产的收益，包括各种股票、基金、保险（主要为年金和终身寿险）等理财产品的收益。

**📖 典型案例**

夫妻双方分别入职了国内两个头部的互联网企业。男方就职的 A 公司在 2017 年时给男方发了 1 000 股的期权，2020 年行权。2018 年，男方和女方结婚，2020 年女方就职的 B 公司也给女方发了期权，一共有 2 000 股的期权，2024 年行权。后双方感情不和，起诉离婚，并要求法院对期权进行分割。

第一个问题，期权是个人财产还是夫妻共同财产？

根据财政部、国家税务总局颁布的《关于个人股票期权所得征收个人所得税问题的通知》规定，员工行权时，从企业取得股票的实际购买价（也叫施权价）低于购买日公平市场价（也就是该股票当日的收盘价），这两个价格之间的差额，应视为工资、薪金所得。而工资薪金属于夫妻双方的共同财产，所以期权行权后获得的收益也属于夫妻双方的共同财产。

第二个问题，男方婚前取得婚内行权的期权，是属于个人财产还是夫妻共同财产？

男方的期权是在婚前取得的，但是行权期是在结婚之内，对于这部分权益的归属问题，司法实践中普遍的操作方式会认定为该部分权益应当认定为夫妻共同财产，离婚时应进行分割。但具体的分割方式，并没有明确的法律规定。有一部分法院会参照我国退伍军人复员费、自主择业费等的分割方法来分割期权权益，固定离婚当日为时间节点，按时间比例折算。在获得最初的期权授权以后，按这以后的婚姻关系存续期间占最初被授权到最后行权日期间的时间比例，把这一比例对应的行权收益的一半来作为对配偶的补偿。

第三个问题，女方婚内取得的期权，离婚时未到行权的时间，应该如何处理？

女方的期权是在婚姻关系存续期间获得的，所以期权的收益属于夫妻共同财产，应该和男方进行分割。目前在司法实践中一般认为，股票期权是可期待权利，并不是现在已存在的财产权益，因此，法院通常不会处理这样没有实际价值或没有确定利益的可期待权利，而是让当事人待权利有确定价值或行权时，再另行起诉。

第四个问题，期权在婚内已经达到行权条件，但是一方并没有行权，应该如何处理？

2009年广东省高级人民法院对这样的行为做出了《关于婚前取得的股票期权，离婚后行权能否确认为夫妻共同财产问题的批复》，这份批复确认："虽然当事人是在离婚后才行使股票期权，但无法改变其在婚姻关系存续期间可以行使部分期权并获得实际财产权益的事实……属于在婚姻关系存续期间明确可以取得的财产性收益，宜认定为夫妻共同财产。"所以，持有期权一方不予行权也无法排除对方应该享有的权益，并且还可能被法院认定为转移、隐藏夫妻共同财产，进而对该方少分或者不分财产，得不偿失。

（3）知识产权的收益。

《民法典婚姻家庭编解释（一）》第二十四条详细阐明什么是知识产权的收益："是指婚姻关系存续期间，实际取得或者已经明确可以取得的财产性收益。"举个简单的例子，以更好地理解此条：结婚后，男方写了一本小说，在婚内卖书取得了 3 万元的收益，这 3 万元属于夫妻共同财产。另有 2 万元的收益，出版商还没有结算，这 2 万元也属于夫妻共同财产，因为属于已经明确可以取得的财产性收益。离婚之后这本书又卖了 4 万元，这 4 万元收益就属于男方的个人财产。进一步阐释这个案例：小说（知识产权本身）属于男方所有，所以男方在离婚之后，这本小说以及这本小说的收益均属于男方所有。在婚姻关系存续期间，只有小说的收益（知识产权的收益）属于夫妻双方共同所有，小说本身（知识产权本身）并非共同所有。

---

**知识加油站**

### 知识产权是什么？

《民法典》第一百二十三条 民事主体依法享有知识产权。

知识产权是权利人依法就下列客体享有的专有的权利：

（一）作品；

（二）发明、实用新型、外观设计；

（三）商标；

（四）地理标志；

（五）商业秘密；

（六）集成电路布图设计；

（七）植物新品种；

（八）法律规定的其他客体。

知识产权的人身权和财产权是什么？

知识产权中的人身权是指署名权、发表权、修改权等与人身不可分的权利，财产权是指因知识产权而获得物质利益的权利。

4. 继承或者受赠的财产。

继承或者受赠的财产也属于夫妻双方共同财产，很多当事人对此并不理解，所以也会产生很多纠纷。也正是由于这条的存在，很多老人在写遗嘱时都要特别加上一条："本人遗产只归我女儿/儿子所有，与女婿/儿媳无关。"这条也被很多人戏称为"防儿媳女婿条款"。关于继承问题，我们会在后续章节做进一步阐述，此处不再赘述。

5. 其他应当归共同所有的财产。

与《民法典》同一时间施行的《民法典婚姻家庭编解释（一）》第二十五条进行了列举式的说明，"其他应当归共同所有的财产"的范围仅包括以下三项：（一）一方以个人财产投资取得的收益；（二）男女双方实际取得或者应当取得的住房补贴、住房公积金；（三）男女双方实际取得或者应当取得的基本养老金、破产安置补偿费。

《民法典婚姻家庭编解释（一）》的第二十六条对"夫妻一方个人财产在婚后产生的收益"进一步加以区分，对于一方个人财产在婚后产生的孳息和自然增值应该认定为仍属于个人财产，除孳息和自然增值外的其他收益应认定为夫妻共同财产。

住房补贴、住房公积金属于夫妻共同财产，这在所有权认定上不存在争议。但是离婚不属于可以提取公积金或养老金的情形。笔者接触的案件中要求分割公积金和社保的情况并不多，大多数公积金和养老金都是归各自所有。如果一方坚持要进行分割，有两种处理方式：第一种，折价或补偿。由双方约定或者法院确认一个补偿金额，作为折价款或者补偿金支付给对方。第二种，在满足政策规定的公积金或养老金提取条件时，另行提起离婚之后的财产纠纷诉讼。

除公积金和养老金以外的医疗保险、失业保险、工伤保险和生育保险等都不属于夫妻双方共同财产，仍归各自所有。

## 哪些属于个人财产？

（1）一方的婚前财产，在结婚之后仍然为夫妻一方的个人财产，不予分割。

（2）一方因受到人身损害获得的赔偿或者补偿仍为该方个人财产。

例如工伤赔偿、残疾生活补助、交通事故赔偿等，即便是在婚姻关系存续期间获得的，也仍然属于该方的个人财产。保险中的重疾险或者意外险的理赔金，以及终身寿险和年金的身故金都属于个人财产。

（3）遗嘱或者赠与合同中确定只归一方的财产仍为该方个人财产。

（4）一方专用的生活用品。

法律并没有对"生活用品"进行界定，但是笔者理解这个概念应做狭义理解，应该仅限于生活必须用品，不应囊括所有生活中使用的用品。例如某些女包价格不菲，并且部分奢侈品本身还具有保值增值的功能，此类用品虽然也是生活用品，但是如果一刀切地将此类具有投资属性的生活用品都当作一方个人财产，对配偶方并不公平。

（5）其他应当归一方的财产。

上文分析的《民法典》第一千零六十二条第五项也有类似的表述。但是与该条不同的是，《民法典婚姻家庭编解释（一）》中并没有也对该项的范围进行列举。由此我们可以感受到立法者的用心良苦：不能任意扩大夫妻共同财产的范围，而要严格限制。同时，不限制个人财产的范围，以从法律的角度保护个人财产的安全。

## 婚内财产协议

婚内财产协议与婚前财产协议的相同条款我们不再赘述，下文仅对几个与婚内财产协议相关的重要问题进行说明。

1. 签署婚内财产协议的注意事项

婚内财产协议对于高净值人士来说，可能处理的是上千万，甚至上亿元的财产，一旦被认定为无效，当事人将遭受巨大的损失。在签署的过程中可以参考以下几点建议：

（1）将签署婚内财产协议的全程进行录音或者录像。将双方签署的过程都同步录像，并保存好副本。录制画面要包括双方的全身，以及整个录制环境，并应有双方手持身份证的影像。

（2）将婚内财产协议进行公证。前文已讲述公证的诸多作用，此处不再赘述。但需要特别注意的是，对于没有房贷的房子直接去更名即可，只要双方都同意就行，可以在不动产交易中心签署房产归一方的协议，该份协议也可以做公证，非常简单。但是有房贷的房产操作上存在一些障碍：对于写有两个人名字的有房贷的房产，如果双方在婚内财产协议中约定该房产属于一方所有，或者只写一个人名字的有房贷的房产，婚内财产协议中约定属于另一方所有，对于这样两类婚内财产协议，公证处通常是无法进行公证的。因为，对于有房贷的房产，需要向公证处提交贷款银行的确认书，而大部分的贷款银行都要求必须要将贷款归还完毕，才会出具确认书。

（3）避免签署忠诚协议。忠诚协议，顾名思义，大部分是在一方有不忠行为时签署的协议。忠诚协议并不是一个法律概念，而是民间的通俗说法。通常情况下，忠诚协议是以忠诚为前提条件，例如一方出轨如何处理，双方离婚财产如何分割等，而且惩罚的结果往往非常严重，"净身出户"是常见用语。但是司法实践中对于因出轨而净身出户的条款是不予支持的。

2. "土豆条款"

"土豆条款"源于土豆网创始人王微和杨蕾的离婚案件。"土豆条款"是指投资人与被投企业创始人或自然人大股东在正式注入投资款前签署的协议中一般会有防控婚姻风险的条款，即要求公司创始人或自然人大股东的配偶同意，如果将来离婚，只分割现金，不会分割股权，或者双方要签署婚内或婚前财产协议，约定配偶方不享有另一方所持股权的任何相关权利。家族办公室对于"土豆条款"的案件必须要非常熟悉，并且需要善于应用多种金融和法律工具帮助客户抵御类似风险。

> ### 🛡 典型案例
>
> 十几年前，中国的视频领域还是土豆网和优酷网双雄争霸的时代。土豆网准备在美国纳斯达克上市。但是，几乎在递交上市申请的同时，土豆网创始人王微的前妻杨蕾，却一纸诉状将王微告上法庭，提起离婚之后财产纠纷诉讼，要求分割离婚时尚未分割的夫妻双方共同财产，并冻结了王微所持有的土豆网全部股权。因待上市公司的股权出现重大纠纷，故土豆网 IPO 的进程被迫中止。最终王微以 700 万美元作为代价，与前妻达成和解。
>
> 土豆网于 2011 年重启上市进程。但是，却已经错过了最好的上市时机，美国资本市场开始了下行周期，并且刮起来一股对"中概股"看空的风潮。土豆网股票虽然上市，但是却始终无法提振。至此，土豆网一蹶不振，上市后不到一年，被多年的老对手优酷并购。而直接导致土豆网失败的这场离婚案，也被认为是"中国国内资本市场离婚第一案"。

很多机构受这件事情触动，意识到创始人的婚姻风险对于企业的重大影响。所以，在对外投资企业时，都会在投资协议中增加类似这样的条款：投资者要求公司创始人在婚前或者公司上市前，必须和配偶达成协议，或者让配偶做出单方承诺，双方如果离婚或结婚，只能分现金给配偶，不能分股权给配偶。而因为这类特别约定是源于王微的离婚案件，所以王微本人调侃其为"土豆条款"。

夫妻持股，或者夫妻创业在国内是很普遍的，但是此类公司一旦上市，夫妻双方的婚姻关系会直接影响公司的股价。而感情的因素，这些投资者们是无法控制，只能尽量通过类似"土豆条款"这样的约定来避免风险。在此类操作中，既需要投资协议中有类似的条款，同时必须要配偶一方配合签署婚前财产协议或者婚内财产协议，两份协议互相映照，此类条款才具有可操作性。如果只有投资方和创业者的投资协议，是没有任何意义的，因为这侵害了第三方配偶的利益，对配偶无效。

3. 隐匿夫妻共同财产的行为

很多当事人在和对方签署离婚协议或者婚内财产协议时，都存在侥幸心理，认为对方不知道的自己的财产，索性也不要体现在协议中。特别是关于股权这一块，大多数股权的持有方都选择不写公司的名字，就是怕对方一旦知道了，反而节外生枝。对于这样的行为，价值观我们不予评判，我们来看一下这样做的几种后果：

（1）夫妻财产申报制度。在 2023 年之前，一方隐匿夫妻共同财产的行为很难被发现，对于不掌握夫妻共同财产情况的一方来说财产分割的结果往往很不理想。

2022 年 10 月 30 日，中华人民共和国第十三届全国人民代表大会常务委员会第三十七次会议修订通过《中华人民共和国妇女权益保障法》，自 2023 年 1 月 1 日起施行。《中华人民共和国妇女权益保障法》第六十七条明确规定"离婚诉讼期间，夫妻双方均有向人民法院申报全部夫妻共同财产的义务"。自此，夫妻财产申报制度全面铺开，各地法院陆续发出了<u>《夫妻共同财产申报令》</u>，要求离婚诉讼中涉及财产分割的，<u>夫妻双方当事人均须填报</u><u>《离婚案件当事人夫妻共同财产申报表》</u>。

申报的时间一般是自原告、被告收到申报令之日起，至举证期限届满前。申报的内容包括婚后取得的所有财产、权益等夫妻共同财产，具体包括：①工资、住房公积金、养老保险金、奖金、津贴、补贴等收入；②土地、房产等不动产；③车辆、贵重私人物品等价值较大动产；④银行存款；⑤租金、政府津贴、农村集体组织红利等生产、经营性收益；⑥股权及其收益；⑦股票、基金等有价证券；⑧投资型保险；⑨知识产权的收益；⑧继承或赠与所得的财产，但遗嘱或赠与合同中明确只归夫妻一方的财产除外；⑪其他依法属于夫妻共同财产的财产或权益。同时还须申报：①债权债务；②婚前购买，婚后还贷的动产或者不动产；③其他登记于一方名下或由一方持有、保管的，双方对于是否属于夫妻共同财产具有争议的财产或权益。

在申报的时候必须要同时提交相应的证据，如劳动合同、工资收入证明、房地产权属登记证明、房屋（车辆）贷款合同、银行存款明细等。

如果没有履行申报义务，那么法律后果是：第一，少分或者不分财产；

第二，如果构成妨碍民事诉讼行为，则可能需要承担罚款拘留等行政责任，甚至可能被追究刑事责任。

**法条链接**

《中华人民共和国妇女权益保障法》第六十七条　离婚诉讼期间，夫妻一方申请查询登记在对方名下财产状况且确因客观原因不能自行收集的，人民法院应当进行调查取证，有关部门和单位应当予以协助。

离婚诉讼期间，夫妻双方均有向人民法院申报全部夫妻共同财产的义务。一方隐藏、转移、变卖、损毁、挥霍夫妻共同财产，或者伪造夫妻共同债务企图侵占另一方财产的，在离婚分割夫妻共同财产时，对该方可以少分或者不分财产。

《中华人民共和国民事诉讼法》第一百一十四条　诉讼参与人或者其他人有下列行为之一的，人民法院可以根据情节轻重予以罚款、拘留；构成犯罪的，依法追究刑事责任：

（一）伪造、毁灭重要证据，妨碍人民法院审理案件的；

（二）以暴力、威胁、贿买方法阻止证人作证或者指使、贿买、胁迫他人作伪证的；

（三）隐藏、转移、变卖、毁损已被查封、扣押的财产，或者已被清点并责令其保管的财产，转移已被冻结的财产的；

（四）对司法工作人员、诉讼参加人、证人、翻译人员、鉴定人、勘验人、协助执行的人，进行侮辱、诽谤、诬陷、殴打或者打击报复的；

（五）以暴力、威胁或者其他方法阻碍司法工作人员执行职务的；

（六）拒不履行人民法院已经发生法律效力的判决、裁定的。

人民法院对有前款规定的行为之一的单位，可以对其主要负责人或者直接责任人员予以罚款、拘留；构成犯罪的，依法追究刑事责任。

（2）隐匿财产的行为被对方发现，法院可以对过错方少分或者不分。虽然此处法律规定的是"可以"少分或者不分，但是通常情况下，一旦发现这种隐匿的行为存在，法院基本上都会对过错方做出不分或者少分的惩罚性判决，少分的比例大概是在5%～30%左右，个案会有不同。另外，法律虽然规定应该少分或者不分，但是却并没有说是应该不分或少分全部财产，还是不分或少分隐匿部分的财产。司法实践中通常是少分或者不分被隐匿的财产，而不太会波及整个财产。这一点，也可以偶尔在部分法院的《夫妻共同财产申报令》中找到相关的描述。其原理可以用一个极端一点的例子直接说明：例如夫妻双方共同财产是1亿元，丈夫隐匿了私房钱5万元。丈夫构成隐匿夫妻双方共同财产的行为，但是只能是对这5万元私房钱对丈夫少分或者不分，而不能涉及所有的夫妻共同财产，否则，以1亿元为基数，即便是少分或者不分这其中的百分之一，也是一笔不小的数额，这显然对丈夫是不公平的。

（3）一方离婚后发现了另一方隐藏财产的行为，那么权利被侵害的一方可以提起离婚之后财产纠纷诉讼。

**法条链接**

《民法典》第一千零九十二条　夫妻一方隐藏、转移、变卖、毁损、挥霍夫妻共同财产，或者伪造夫妻共同债务企图侵占另一方财产的，在离婚分割夫妻共同财产时，对该方可以少分或者不分。离婚后，另一方发现有上述行为的，可以向人民法院提起诉讼，请求再次分割夫妻共同财产。

## 第三节 │ 争取离婚个人财产——离婚协议

家族办公室不是客户遇到问题时寻求的最后一个"权威"，而是会想到的第一个"家人"。家族办公室之所以包含"家族"两字，也即意在我们是大家庭的一分子。家丑不可外扬，但家族办公室不是"外"而是"里"。在客户面临婚姻风险时，家族办公室可能既要当裁判员，去帮助家族成员双方平息怒火；也要做运动员，如果双方婚姻关系确实难以维系，必须要及时判断是否需要签署婚内财产协议或离婚协议，避免损失进一步扩大。

与婚前财产协议不同，婚内财产协议和离婚协议的起草并不是最重要的，最重要的是要帮助客户判断何时应该签署哪份文件，以及对客户某些重要的想法做一个粗略的评估，以便在关键问题上可以给予客户专业的指引，让客户能够做出正确的选择。

### 婚内财产协议和离婚协议的区别

（1）签署时间。签署时间是区分婚前财产协议、婚内财产协议、离婚协议最重要的一个标准。婚内财产协议必须在婚姻关系存续期间签署。领结婚证之前签署的协议是婚前财产协议，离婚时签署的文件是离婚协议。

（2）生效时间。婚内财产协议是签署就生效。而离婚协议双方签署也并不生效，必须要在民政局领取离婚证之后才生效。正是因为婚内财产协议的这个特性，让其在财产守护上与离婚协议相比略胜一筹。因为双方费尽心力协商的离婚协议各个条款，很可能因为任何一方不同意离婚而功亏一篑。所以对于家族办公室的客户在和对方谈离婚的时候，我们都建议，先签署婚内财产协议，然后按照婚内财产协议的条款来起草离婚协议，以保护好双方厮杀几轮才达成的一致意见。

（3）内容。离婚协议包括子女抚养权、探望权、抚养费的问题。但是在婚内财产协议中不能约定关于子女抚养的条款，即便约定了也没有任何用处，因为双方还没有离婚，双方对子女都有抚养义务。因此，婚内财产协议不应涉及子女抚养权的问题。婚内财产协议和婚前财产协议非常类似，就只干干净净地约定财产问题即可，其他的事宜均无须涉及，否则可能会影响婚内财产协议的效力。

## 离婚协议逐条解读

（1）双方的身份信息。身份证号一定要有，住址也一定要写，这个住址要写现在经常居住地的地址，经常居住地就是连续居住满一年以上的地址。如果没有居住满一年以上，写目前的居住地即可。

（2）结婚生育情况。要写清楚双方于哪年哪月哪日，在什么地方的民政局登记结婚，结婚证号是多少，婚后于二〇几几年几月几日育有一女或一子，名为某某某，并在括号中备注孩子的身份证号。

（3）说明自愿离婚。另起一段，写明现因双方感情破裂，特自愿离婚。在提出离婚申请的时候不需要提供离婚协议，30天离婚冷静期满后正式领离婚证的时候再提供即可。

（4）描述双方的民事行为能力。要写清楚，双方都是完全民事行为能力人，均可以完全辨认自己行为。老人群体离婚时，如果其中一方年纪确实很大，可能会产生对其行为能力的质疑时，可以到正规医院开具能够证明其神志清醒的诊断书。

（5）子女抚养。离婚协议书中必须写明婚生子女的抚养权归谁所有。通常情况下，抚养权归一方所有，另一方应该支付抚养费并享有探望权。但是《民法典婚姻家庭编解释（一）》第四十八条规定了一种更加灵活的抚养方式，即"轮流抚养"，在有利于保护子女利益的前提下，父母双方协议轮流直接抚养子女的，人民法院应予支持。这种抚养方式，有其优点，可以避免双方将来在探望权和抚养费问题上起争执。但是实践中"轮流抚养"可能会带来一些意想不到的困扰。

---

**🔖 典型案例**

两个实力雄厚的企业二代通过联姻实现了强强联合，双方一代都对这个婚姻非常满意，但是两个二代却并不买单，觉得自己的婚姻被一代"利用"了，双方婚后生活也并不美满，几年后就提出了离婚。一代虽然对此很惋惜，但是拗不过两个孩子。双方对离婚都没有任何的争议，但是对于婚生子女的抚养权问题，双方都争执不下。

二代都是独生子女，又都表示这次离婚后坚决不会再结婚，那么也就意味着这个小孙子可能是他们两家人唯一的后代，所以双方以一代家长为首，都要争夺孩子的抚养权。经过几番诉讼，双方最终选择了轮流抚养的方式，男方家带3个月，女方家带3个月。协议签下来双方都很满意，觉得很公平。但是时间一长了，男方发现孩子每次从他妈妈那回来都要和男方吵一架，父子之间的矛盾越来越深。因为妈妈家老人都非常溺爱孩子，会满足孩子的各种要求，但是一回到父亲这，父亲家的家教非常严格，形成了两个极端，孩子回到父亲家就非常不开心，心里产生了对比，就想一直和妈妈住，根本不想回到父亲的家里。男方无奈，只能在双方离婚多年后再次向法院提起了抚养权纠纷诉讼，要求抚养权归男方一人所有。

---

（6）抚养费。抚养费的标准一般一个孩子是月工资的20%~30%，两个孩子最高不超过支付抚养费一方月工资的50%。笔者建议此处最好约定一个固定的金额，并约定后续每年按照一定比例上浮。抚养费支付的时间通常是按月支付，双方也可以另行约定。抚养费支付的截止时间可以表述为："抚养费一直支付到孩子大学毕业或者年满22周岁，以先到者为准。"如此则既保证了孩子上大学的费用，同时又有了一个明确的抚养费支付的截止时间。

课外辅导班费用。可以单独约定、实报实销，也可以都包括在抚养费中。但最好约定一个前提条件，经过双方确认的辅导班费用，一人一半，未经对方确认的，不予报销，以避免双方产生意见分歧。

医疗费。和辅导班费用一样，可以单独约定、实报实销，也可以都包括在抚养费中。另外，《民法典婚姻家庭编解释（一）》第五十八条确认，如果因子女患病实际需要已超过原定抚养费数额时，可以要求对方增加抚养费。笔者建议可以约定一个医疗费的基数，超过这个基数的，例如因病一次性医疗费超过1万元，则由支付抚养费的一方另行给付。类似这样的约定，既有操作性也很实用。

（7）探望权。探望权建议尽量做详细的约定，每个月可以探望几次，每次探望几个小时，是否可以过夜，怎么接孩子，怎么送孩子，寒暑假每人带几天，节假日过年回谁的家等，都要清楚约定。避免双方在离婚后仍然陷入纠纷。

（8）财产分割。财产的分割方式，是大部分离婚案件双方争议的焦点。针对房产、股权和保险的离婚分割问题，后续章节中会有详细的解读，此处不再展开。其他财产，车辆要写清楚车辆的数量、型号、车架号。另外，像北京上海这样的城市，车牌可能比车都值钱。所以除了约定车辆所有权归属，还要同时约定清楚车牌所有权的归属问题。

对于涉及需要过户的财产，例如像房产和车辆，一定要写清楚过户的时间和相关费用的承担。并且可以约定如一方不配合过户，每逾期一日，应向对方支付一定金额的逾期违约金。

其他财产，例如银行存款、珠宝首饰、家用电器等其他财产，要列清楚。如果财产较多，可以在离婚协议后增加财产清单作为附件。

（9）债权债务。如果双方在婚姻关系存续期间，有很多债务，那么一定要写清楚债务的债权人、本金、利息、归还时间等，并详细约定债务应该怎么分担。如果没有什么债务，就可以一笔带过地约定"双方在婚姻关系存续期间没有需要共同承担的债务，任何一方对外签署的债务，均由该方自行承担"。另，如上文所述，男女双方在离婚协议书中对债务的约定是不能对抗善意相对人的。

（10）违约金。离婚协议书中是否可以约定违约金，历来是一个颇有争议的问题。婚姻案件具有较强的人身属性，与调整平等的商事主体之间的商事案件性质不完全相同。但离婚协议在法律上应当被认定为合同的一种，是双方经过合意所产生的，应当受商事纠纷相关法律的调整，这个观点从《民法典婚姻家庭编解释（一）》对于协议离婚中纠纷的处理原则和处理方式以及对离婚协议性质的认定中也可以看得很明确。因此，离婚协议当事人若不履行协议义务或履行协议义务不符合约定的，理应承担商事案件中的违约责任，自然违约金条款也适用于离婚协议，对双方具有法律约束力。

但是离婚协议毕竟不完全等同于商事合同，不是所有离婚协议书中的违约行为都可以适用违约金。一般金钱给付类的义务可以约定违约金，并且基本都会被法院支持，但是人身属性的违约金通常不会被法院支持。例如，夫妻之间可以约定逾期支付财产分割补偿金，应该每天承担多少违约金。但是如果约定逾期支付抚养费的违约金，或者不协助一方探望就要支付违约金或者不付抚养费等，类似这种有人身属性的违约金条款通常不会被法院支持。因为支付抚养费、行使探望权，既是权利也是义务。而抚养费和探望权本质上是一种针对未成年人的保障，抚养人不应以违约金的形式从中获利。

关于在离婚协议书中违约金的比例问题，法律并没有明确的规定。但上海市第二中级人民法院审理的（2020）沪02民终9716号案件可以作为很典型的参考。

---

### 🞂 典型案例

男女双方在离婚协议书中明确约定，男方应该向女方支付人民币2 700万元作为财产分割的补偿款，如果逾期支付，每逾期1天违约金为逾期金额×0.1%。后男方逾期付款，女方诉至法院要求男方支付补偿款和违约金。法院一审支持违约金条款，并认为本案纠纷并不具有身份关系的性质，所以应该受到与合同相关法律的调整，违约金条款有效，但是一审法院认为违约金利率过高，调整为年利率13%。男方不服提出上诉。二审法院也支持了违约金条款，但是认为本案是夫妻共同财产的分割纠纷，而非普通的商业性贷款，不应该参照商业贷款的违约金标准。

最后，二审判定男方应该按照同期全国银行间同业拆借中心公布的贷款市场报价利率标准①计算违约金。

这个案件虽然只是个案，但还是很有指导意义的。笔者建议在离婚协议书中，对于违约金的标准以同期全国银行间同业拆借中心公布的贷款市场报价利率为准。

（11）结尾。协议最后写清楚一式三份，双方各执一份，自民政局领取离婚证之日起生效。婚姻纠纷管辖法院都是法定管辖，所以不需要约定纠纷管辖法院。

---

① 2023年8月，1年期贷款市场报价利率（LPR）为3.45%，5年期以上LPR为4.2%。

## 第四节 | 离婚矛盾重灾区——房产分割

《中国家族办公室报告（2022）》显示（详见图6-1），房产投资在家族办公室的大类资产配置中仍占有举足轻重的地位。对于高净值人士来说，配置房产的重要性不言而喻。但鉴于房产权属构成的复杂性，房产并不是一种非常理想的防范法律风险的工具，反而在大多数情况下成为诱发家庭矛盾的主要原因。所以，规划房产配置，对房产的所有权进行设计以达到既要满足家族投资和居住需求，又能保护家族财富安全，是家族办公室又一重要的职能。

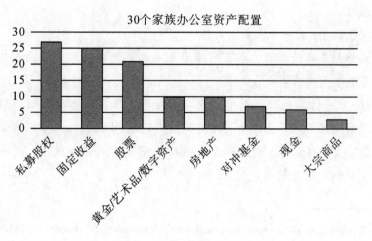

图 6-1　家族办公室各类资产配置比例示意图

数据来源：《中国家族办公室报告（2022）》

## 婚前共同购房，房产分割问题

婚前男女双方共同出资购买的房产不能按照夫妻共同财产来对待，而只能按照一般共有财产的分割原则来操作。那么一般共有财产和夫妻共同财产的区别是什么呢？最高人民法院《〈关于适用民法典婚姻家庭编的解释（一）〉若干重点问题的理解与适用》① 中，对此给出的解释非常清晰："夫妻共有财产关系是基于配偶身份，基于彼此是夫妻的特别关系而产生的，虽然财产的形成也含有共同投资、共同劳动的内容，<u>但法律更强调的是身份关系，并不要求双方付出同等的劳动、智力才能共同所有</u>。而其他财产共有关系主要是基于共同投资、共同经营而形成的，如合伙共有财产、出资合购的<u>共有房屋等都不是基于身份而产生的共有关系</u>。"

同居期间财产的分割会按照一般共有的原则进行，即如果有证据证明为一方所有的财产，则应属于该方个人财产，无法证明的财产才视为共同共有。

### 婚内应该如何约定房产所有权归属？

婚姻关系存续期间，除《民法典》第一千零六十六条规定的特殊情况外，是无法分割双方共同财产的。所以，对于婚内房产的处理，主要分析的是夫妻之间应该如何对房产的所有权进行约定。

> **法条链接**
>
> 《民法典》第一千零六十六条
>
> 婚姻关系存续期间，有下列情形之一的，夫妻一方可以向人民法院请求分割共同财产：
>
> （一）一方有隐藏、转移、变卖、毁损、挥霍夫妻共同财产或者伪造夫妻共同债务等严重损害夫妻共同财产利益的行为；
>
> （二）一方负有法定扶养义务的人患重大疾病需要医治，另一方不同意支付相关医疗费用。

---

① 见 https://shlx.pkulaw.com/lawexplanation/f96d0f8391ea20d59287548406849be0bdfb.html？keyword＝%E5%85%B3%E4%BA%8E%E9%80%82%E7%94%A8%E6%B0%91%E6%B3%95%E5%85%B8%E5%A9%9A%E5%A7%BB%E5%AE%B6%E5%BA%AD%E7%BC%96%E7%9A%84%E8%A7%A3%E9%87%8A&way＝listView.

我们针对不同的情况来进行讲解：

（1）赠与婚前个人财产给配偶，可否撤销？

对于一方的婚前房产，可以约定全部或者部分赠送给对方。但是房产的赠送和其他的财产不一样，根据《民法典婚姻家庭编解释（一）》第三十二条，及《民法典》第六百五十八条的规定，一方将婚前房产赠送给对方，赠与方是可以撤销赠与的。但如果赠与房产的合同是经过公证，或者已经过户的情况，就不能撤销房产的赠与了。所以，如果结婚后一方决定将自己的婚前房产赠送给对方，必须要公证或者过户，否则对方随时可能撤销赠予。这里的婚前房产仅限于结婚前房款已经支付完毕的情况，如果婚后双方继续还贷，这属于双方对于共同财产的约定，而不是一方的赠与，下文会重点讲述。

**法条链接**

《最高人民法院关于适用〈中华人民共和国民法典〉婚姻家庭编的解释（一）》第三十二条

婚前或者婚姻关系存续期间，当事人约定将一方所有的房产赠与另一方或者共有，赠与方在赠与房产变更登记之前撤销赠与，另一方请求判令继续履行的，人民法院可以按照民法典第六百五十八条的规定处理。

《民法典》第六百五十八条

赠与人在赠与财产的权利转移之前可以撤销赠与。

经过公证的赠与合同或者依法不得撤销的具有救灾、扶贫、助残等公益、道德义务性质的赠与合同，不适用前款规定。

（2）婚内将共同房产约定仅归一方所有的婚内财产协议，是否算作赠与，可否撤销？

**⬢ 典型案例**

婚后男方父母出首付款购房，后续的房贷也是男方父母归还，因为男方有限购，所以这套房子就暂时挂在了女方的名下。男方父母希望这套房产归男方个人所有，双方并签署婚内财产协议，约定这套房产是男方的个人财产。后两人感情不和，女方提起离婚诉讼。

女方认为女方签署婚内财产协议约定房产都归男方的行为属于赠与行为，依据《民法典》第六百五十八条的规定，房产未办理过户也未办理公证，因此女方有权撤销赠与。男方则认为：女方混淆了法律概念，婚内财产协议对共有房产的约定，其性质不属于赠与，故不能适用《民法典》第六百五十八条的规定，而应该适用《民法典》第一千零六十五条规定，即婚内财产协议经双方签署即对双方具有法律约束力，女方撤销没有法律依据。

法院认定：赠与仅能适用于一方的个人财产，而对于双方共有财产份额的约定，不属于一方对另一方的赠与。婚内财产协议除非被查证有欺诈胁迫等情形，否则一经签署就对双方均产生法律约束力。故判决该房产按照双方婚内财产协议的约定，归男方所有。

通过上述案例得知，婚内将共同房产约定仅归一方所有的婚内财产协议，不属于赠与，不可以撤销。

## 父母出资购房，离婚房产如何分割？

第一种情形，婚前，父母出资为子女购买房产，并且房产证上只有自己子女一方的名字，视为该子女的个人婚前财产，但如有婚内共同还贷，应给予对方相应补偿。

第二种情形，婚后，父母出资为子女购买房产，并且和子女明确约定该房产是赠与子女一方所有，与其配偶无关，则按照约定执行，该房产视为该子女的个人财产，但如有婚内共同还贷，应给予对方相应补偿。

第三种情形，婚后，父母出资为子女购买房产，但没有约定该房产是否赠与子女一方所有，则视为对子女及其配偶的共同赠与，该房产视为子女夫妻双方共同所有的房产，离婚时需要进行分割。在确定分割比例时，法院会主要考虑下列因素：各方父母对该房产出资的贡献大小，结婚时间的长短，离婚过错原因等。

## 父母出资购房属于赠与还是借款？

对于婚后父母出资协助子女购买房产，其中父母的出资究竟是属于对子女的借款还是赠与并没有明确的法律规定。我们还是应该从实际的情况出发，来分析不同的场景下的处理结果：

场景一，父母出资为子女购房时，与子女明确约定属于对子女的借款或者赠与，则应该按照此约定执行，如果约定了借款，则子女必须归还，并且该债务应该认定为夫妻双方共同债务。

场景二，父母出资为子女购房时，并未与子女约定该款项的性质，则司法实践中，大概率会将该款项认定为父母对子女的赠与而非借款，子女无需偿还。

如果需要证明父母的出资是借款，必须要有明确的证据，否则，可能会被认定为赠与。所以，如果父母出资时的真实意愿确实是借款，则一定要留下充分的证据，形成一个完整的证据链，例如不只有双方在借款时签署的借款协议，转账的时间也应该和借款协议相呼应并且在转账时备注"借款"二字。此处有三点注意事项：第一，不要以现金交付；第二，最好签署书面的借款协议，如果没有，彼时的微信或者短信的聊天记录能够证明借款事宜也可以；第三，不要事后补签借款协议。很多人都是在要离婚的时候，匆匆忙忙和父母签署了一份借款协议，对于这种临时补签的文件，法院基本不会认可。

## 房产加名 = 给了对方一半的房子？

> ### 🎴 典型案例
>
> 　　杭州一位王先生婚前全款购买 3 套房，婚后房产证上都加了妻子乔女士的名字。几年后，夫妻双方因为生活习惯以及性格问题经常发生矛盾，感情破裂，乔女士提出离婚。2022 年协议离婚时，乔女士认为三套房子都有自己的名字是夫妻共同财产，应该分走一半。而且女儿跟着自己，可以多分，于是要求分走房子份额的 60%。最后，法院经过审理认为，王先生提供了三套房屋购买的相关凭证，证明房子是其婚前购买。综合考虑两人对三套房产的贡献，结合"照顾女方权益的原则"，判决乔女士可分得约 25% 的份额，王先生可分得约 75% 的份额。乔女士不服，提起上诉，二审法院审理以后，驳回上诉，维持原判。
>
> 　　案件分析：女方认为房产证上增加了自己的名字，并且写明房产是共同共有，就意味着自己占有 50%，这是一种错误的认知。
>
> 共同共有 ≠ 五五分割

　　对于房产加名的这种行为，即便产权登记为共同共有，对方也不一定对房屋占有一半的份额。共同共有只能说明两人对房产享有共同的所有权，在共同共有期间双方是不分份额地共同拥有这套房产。虽然原则上，如果双方的各种条件完全对等，法院可能会认定共同共有的房产双方离婚时各自分走一半。但是在实际案件中，法院会综合考量下列因素：①双方各自对这套房产的出资情况，出资多的一方可能享有的份额也要多一些，当然必须要有证据能够证明出资情况。②结婚时间的长短，如果结婚时间较长，那么可能对出资比例考量的比重会下降；如果结婚时间很短，那么法官会倾向于把出资比例作为财产分割很重要的考量点。③导致婚姻关系破裂的过错方是谁，对于过错方当然就会少分，无过错方会多分一些。至于多分和少分的比例法律并没有明确约定，还是要看双方的具体情况，但是通常来说可能大概会有 5%~15% 左右的照顾。④双方的经济情况，特别是因为照顾孩子或老人而没有工作的一方，在离婚后需要很长时间进行社会适应，对于这样的弱势群体，法官也会进行适当的照顾。⑤孩子的抚养权归谁，如果孩子的抚养权归女方，男方又常年拒绝支付女方生活费和抚养费，那么在财产的分割上也会予以倾斜。⑥其他需要考虑的因素。

### 赠与孩子的房产能反悔吗？

对于离婚时约定房产给孩子，并且已经将房产过户到孩子名下的情况，根据《民法典》第六百五十八条的规定，父母不能撤销赠与。另外，如果双方离婚时在离婚协议书中约定将房产赠与子女，即便房产没有过户，通常也是不能撤销的。理由即是上文所说的，离婚协议是夫妻对于所有共同财产包括孩子抚养权等问题的一揽子约定，这种约定是双方利益平衡的结果。可能孩子抚养权归女方，房产归孩子，股权归男方。所以法院查明没有欺诈胁迫等情况的，基本上不会允许单方变更协议。

## 第五节 │ 实战分析

**规划关键词：婚前财产协议**

**家庭情况：**

- 男方年近55岁，一直单身。
- 男方母亲今年78岁，身体情况不好，与男方共同居住。
- 女方45岁，是男方公司的中层职员，每月工资税后6 000元左右，几年前离婚。
- 女方前婚女儿，15岁，与女方共同生活。

**经济情况：**

- 男方名下有多套房产，部分仍需还房贷。
- 男方与其他人合伙开了一个公司，男方持有公司60%的股权。公司目前运营很好，年产值几亿元。
- 男方另有其他的如银行存款、股票、基金等财产。
- 女方的经济条件并不是很好，名下只有一套房产，前夫每个月向女方支付2 000元的抚养费。

**风险产生：**

男方和女方相处了一段时间，觉得女方性格很好，非常稳重，是个过日子的人，希望能够和女方携手走完下半生。男方虽然对女方很满意，但还是有很多顾虑：

●男方的年纪有些大了，但是很想婚后要一个孩子，而女方也已经 40 多岁，生育可能并不一定很顺利。

●如果双方贸然结婚了，那么将面临财产混同的情况，双方如产生婚姻风险，男方的财产可能会受到严重的损失。

●男方毕竟比女方大了十几岁，如果遭遇任何不测，按照法律的规定，积累了多年的财富也将由女方继承一半。如果女方没有生育子女就继承男方一半的财产，可能并不是男方想要的结果。

●男方的母亲体弱多病，和女方相处的时间不长。如果男方自己遭遇不测，女方是否会妥善照顾男方的母亲，也无法预知。

**初步规划：**

正是因为以上顾虑的存在，所以男方拟定了一个婚前财产协议，协议主要内容如下：

●明确男方几处婚前房产的所有权及增值权等均属于男方的个人财产，与女方无关。

●将 1 600 多万元的现金、股票、基金等交给女方打理，用于婚后生活开销。

●将自己的股权分给女方一半，也就是女方将持有公司 30%的股权。

●如果男方将来遭遇不测，女方必须要承担起照顾男方母亲的责任，为其母亲养老送终。

**初步规划分析：**

男方认为初步规划的协议条款把三方的利益都照顾到了，很稳妥。但是，我们来分析一下男方的规划：

●1 600 万元现金、股票交给女方打理。女方婚后有进有出，所以这 1 600 万元将来很可能混同成为夫妻共同财产，离婚时男方需要分女方一半。另外，这 1 600 万元一次性给到女方，即便双方没有闹到离婚的程度，但是女方一旦炒股失败，男方的损失也可能比离婚分给女方一半还要多。

●男方将公司所持有的股权分给女方一半。这意味着在受让男方股权后，女方就占有公司 30%的股权。配偶持股通常来说会存在以下几个风险：

（1）表决权问题。女方此前从来没有经营大型公司的经验，女方持股后如果参与公司经营可能会帮倒忙，所以男方最好和女方签署一个一致行动人协议，约定女方所有的表决权都由男方代为行使。

（2）如果男方遭遇不测，女方将继承一部分男方的股份，那么女方可能成为公司最大的股东，但是女方并没有实际运营能力，必须依靠其他股东，而其他股东大概率不情愿给女方打工，让女方坐享其成。如此，各方之间的利益纷争不可避免，或者女方委曲求全低价出售股权；或者各方之间对公司大大小小的事情都无法达成一致意见，造成公司僵局。

（3）经营婚姻本已不易，而再婚家庭的情况又更复杂一些，出现矛盾的可能性也会大大提升。如果双方真的走到离婚的境地，对于已经赠与女方的股权，在离婚时必须要进行分割。而股权是一种非常复杂的权利，包括所有权、分红权、表决权。①所有权。双方在离婚的时候，如无特殊约定，男方和女方所持的股份都属于夫妻双方共同财产，离婚的时候需要进行分割。②分红权。很多的公司出于种种考量是不给股东直接分红的，但是在双方离婚的时候，女方势必要行使分红权，同时股权的增值部分也属于夫妻双方共同财产。分红和股权的增值离婚时应该如何分割，都需要对公司股权进行评估作价，这一流程非常复杂，也会给公司带来巨大的风险。③表决权。双方都已经离婚了，女方是否仍然愿意与男方形成一致行动人，也是未知数。如果两人婚后有生育子女，则双方即便离婚了，还有孩子这层因素，女方可能也不会让男方太过为难，公司的运营可能还可以继续。但如果两人婚后未生育子女，离婚之后，便没有了任何感情牵挂，很多事情就更不确定。

**知识加油站**

**什么是股权的所有权、分红权、表决权？**

股权是一种很复杂的法律权利。通常来说股权包括三种权利：

所有权，即股权本身属于股东所有。这种所有权并不仅仅体现在公司工商登记中，有些股东会让他人来代持自己的股份。委托他人持股，但自己的名字并不出现在工商登记中的人称为"隐名股东"，是股权的所有权人。代为持有他人股份，名字在工商登记中出现的是"显名股东"，也称为"代持人"，代持人并不是股权的所有权人。

分红权，按股权比例或者约定的比例享有分取公司红利的权利。对这项权利最权威的规定就是《中华人民共和国公司法》（以下简称《公司法》）第二百一十条 公司弥补亏损和提取公积金后所余税后利润，有限责任公司按照股东实缴的出资比例分配利润，全体股东约定不按照出资比例分配利润的除外；股份有限公司按照股东所持有的股份比例分配利润，公司章程另有规定的除外。

表决权，股东享有的按照股权比例或者公司的规章制度，对公司事项的决策权。例如，《公司法》第一百一十六条 股东出席股东会会议，所持每一股份有一表决权，类别股股东除外。公司持有的本公司股份没有表决权。股东会作出决议，应当经出席会议的股东所持表决权过半数通过。股东会做出修改公司章程、增加或者减少注册资本的决议，以及公司合并、分立、解散或者变更公司形式的决议，应当经出席会议的股东所持表决权的三分之二以上通过。

以上的三种权利虽然是股权固有的权利，但是在很多情况下，这几个权利却并不一定同时都存在于股权中，比较典型的情况有：（1）一致行动人协议。两个或两个以上股东可以约定由其中一个股东来代表其他的股东行使股东的表决权，即表决权被分离。（2）股权激励。在公司进行股权激励时，可以授予相关员工按比例分取公司的红利，但是股权的所有权和表决权并不属于该员工，这种股权激励方法在激发员工工作热情的同时，又保护了大股东对公司的控制权。

**最终规划：**

家族办公室为男方制订了如下婚姻规划方案：

• 女方可享受相当于男方公司5%股份所对应的分红权，并约定，如双方离婚，女方离婚之后就不再享有这部分的分红权。如此，则让女方在享受公司发展成果的同时，又避免了公司会发生股东僵局等情况的出现。也完全隔离了婚姻风险可能给男方公司带来的负面影响。

• 男方出资购买婚后房产一套，写双方的名字，并约定房产份额，男方为70%，女方为30%，贷款由男方支付。设置这个比例的原因是，男方毕竟对这套房产的出资贡献更大一些，所以男方享有的比例应该更高些。并且双方将来即便离婚，也会按照这个约定的比例分割这套房产。

• 男方出资，为女方在婚前购买一张趸交300万元的年金险保单，并约定这张保单的所有权归女方所有。具体的保单架构设计如下表6-3所示。

表6-3　保单架构设计

| 险种 | 投保人 | 被保险人 | 生存受益人 | 身故受益人 | 功能 |
|---|---|---|---|---|---|
| 年金险+万能账户 | 女方 | 女方 | 女方 | 女方的父/母 | 1. 保单是属于投保人的财产，万能账户的所有权也归属于投保人。将投保人设置为女方，并结合婚前财产协议，确保保单、生存金、万能账户均属于女方的个人财产，使得女方与男方签署婚前财产协议没有后顾之忧。<br>2. 投保年金险种，女方如果领取生存金，可以保证女方将来有源源不断的现金流；女方如果不领取生存金，则生存年金自动进入万能账户。<br>3. 以女方的父母为身故受益人，可以实现资金回流，也保障了女方父母将来的养老问题，凸显男方诚意，也让女方更加安心。 |

• 男方和男方的母亲都订立预防性的遗嘱。男方母亲的遗嘱中明确，男方的母亲百年以后，名下所有的财产都归男方所有，属于男方的个人财产，与女方无关。男方的遗嘱中明确，男方如果遭遇不测，则男方90%的遗产均归男方母亲所有，剩余10%归女方所有；如果女方生育孩子，则可以享有男方50%的遗产，并负责给男方的母亲养老送终。

以上几条方案，既在男方可承受的范围之内，又在女方可接受的程度之中。不出预料，女方也觉得这个方案很可行，平衡了双方的利益，欣然同意签署婚前财产协议。后续，双方顺利领取了结婚证。

在上述婚姻规划方案的设计中，并不是把男方的所有财产都保护得非常完整就完成了任务，而是要给女方适当的财产作为一种心理上和物质上的补偿，从而达到"平衡"的目的。

# 第七章　家族办公室铺路财富传承

可以说，财富传承是每个家族办公室的终极目标。家族办公室可以协助财富的创造者们综合运用信托、遗嘱等金融和法律工具，制订完整的财富传承规划，为子孙后代创造更好的物质条件。

# 25 岁"大龄孤儿"的逆袭之路

吴天是朋友圈里的人生赢家,年轻、帅气、富有。父母早已过世并留给吴天巨额财产,他肆意挥霍自己的人生,大学辍学,混迹于不良人群,最终在 25 岁时进了戒毒所。戒毒后,吴天仍旧整日闲荡在家,爷爷奶奶年事已高,根本无法管理吴天父母的巨额遗产,更无法教育吴天。

老两口寻求家族办公室的帮助。家族办公室与吴天沟通后,发现吴天特别乐于帮助弱势群体,在帮助他人时吴天会爆发出巨大的能量,与平日判若两人,好像找到了人生的目标。家族办公室开始帮助吴天专门从事贫困山区白血病儿童的救治这一细分领域的业务,并设立了一个基金,家族办公室同时为基金精心打造了一支由安全、应急服务和退休医生组成的顾问委员会。家族办公室与顾问委员会一起帮助吴天获得专业知识、制订商业计划,并最终部署基金。

家族办公室使用自行开发的一个在线工具,以便更好地了解吴天的学习需求和愿望,并最终确定吴天运营一个公益基金会需要学习的内容和侧重点。评估内容包括财务规划、理解报表、职业规划、管理遗产、规划、信托、顾问合作、投资、创业、直接投资、储蓄、生活方式管理、慈善事业、影响投资、家庭治理、财富转移、家庭财产、信贷/债务/借贷等。评估完成后,系统自动对数据进行分析并确定教育目标。最后,家族办公室为吴天布置了财务、投资、技术尽职调查以及封闭式基金的商业计划等各项学习课程。吴天也开始在儿童救助中心做志愿者,学习和白血病相关的医学知识和儿童心理学知识,同时在网上完成他的学士学位。吴天亲眼看见了亲情可能带来的生命奇迹,他冰冷的心也被渐渐融化。通过将自己的热情转化为社会责任、投资机会,他可以更充分地寻找自己的存在价值,也拉近了自己与爷爷和奶奶之间的距离,重新体会到了亲情的珍贵。

三年后的今天,最初投入的 800 万元已催生了三只新基金,吸收外部资金超过 8 000 万元。家族办公室用行动向吴天的爷爷和奶奶证明了,吴天的激情、坚持和努力可以带来成功。现在的吴天从痛苦和迷茫中走出,高大、帅气、谦逊、睿智,是一支慈善基金的优秀管理者。

　　吴天是不幸的，在最弱小的年纪却没有了父母的庇护，30岁之前浑浑噩噩，浪费了大好的青春。父母留给吴天巨额的财富，只能维系吴天的生存，但是在吴天的心里，生活已然没有任何的希望，他找不到生活的目标。缺乏规划的巨额财富对心智不成熟的吴天来说是一场灾难。家族办公室很荣幸能为吴天找到了人生的方向，同时让父母留下的巨额财富不仅实现了保值，更有了大幅度的增值。

## 第一节 │ 遗嘱起草——七种遗嘱形式

家族办公室在设立之初，与每个家庭成员沟通最多的问题就是如何设立"预防性遗嘱"。预防性遗嘱并不是一个严格意义上的法律概念，但却是客户很容易接受的一种称谓。在中国设立的家族办公室毕竟不同于国外，我们要考虑到国人的传统理念，在遗嘱前面加上一个帽子"预防性"三个字，会大大提高客户的可接受度。这既是家族办公室应该注意的工作技巧，也是家族办公室专业性的体现。

### 法律规定的遗嘱形式

遗嘱是对形式要件要求极高的法律文件。鉴于，遗嘱处理的是立遗嘱人生前所有的财产，并且会在所有的继承人之间生效，故法律对遗嘱的形式要求极为严格。一份有效的遗嘱除去内容，形式上必须符合法律的规定，否则可能导致遗嘱无效情形的出现。

#### 1. 自书遗嘱

其形式要求是由立遗嘱人从头至尾亲笔书写，签名，并注明年、月、日。笔者处理过很多老年人立的遗嘱，基本上都是自书遗嘱。老两口还很喜欢在同一份遗嘱中签字。这种习惯我们可以理解，老一辈人中，夫妻二人是你我不分的，丈夫就是一家之主，说一不二，妻子甚至都不在遗嘱上签字。但是，从法律的角度，只有丈夫签字的遗嘱是无法处理夫妻共同财产的，这也就意味着妻子的遗产仍然要进行法定继承，而不能按照该份遗嘱来执行。另外对于在日记等文件中对身后财产的安排，如果符合亲笔书写和签名两个条件，也属于有效的遗嘱。

2. 代书遗嘱和打印遗嘱

代书遗嘱是由他人代为书写的遗嘱，代书遗嘱应当有两个以上见证人在场见证，由其中一人代书，并由遗嘱人、代书人和其他见证人签名，注明年、月、日。代书遗嘱和打印遗嘱有很多相似之处，我们一起来讲一下。

打印遗嘱应当有两个以上见证人在场见证，遗嘱人和见证人应当在遗嘱每一页签名，注明年、月、日。打印遗嘱是《民法典》新增的遗嘱形式，在此之前打印遗嘱并不是法律认可的遗嘱形式之一。在《民法典》施行之前，也普遍存在打印遗嘱。鉴于彼时打印遗嘱尚未列入法定的遗嘱形式，故对于打印遗嘱的性质认定分为两种观点，第一种认为如果能够证明是自己打印的，可以被认定为自书遗嘱。第二种，如果能证明是其他人打印的，应该按照代书遗嘱的要求来确认遗嘱效力。从这两种截然不同的结果，也能看出来打印遗嘱在当时的尴尬地位。《民法典》生效实施后，终于使得打印遗嘱成为遗嘱的法定形式之一了。

简单区分一下代书遗嘱和打印遗嘱的异同点：①打印遗嘱可以自己打印，也可以让他人代为打印。而代书遗嘱必须要他人手写，如果是他人代为打印，这仍然是打印遗嘱，而非代书遗嘱。②打印遗嘱如果有很多页，则遗嘱人、见证人均须在每一页签上自己的姓名并注明年、月、日。但是代书遗嘱如果有很多页，法律并没有要求遗嘱人、代书人、见证人必须都要在每一页签字并标注年、月、日，但为避免将来起纷争，建议还是要在每一页上都签名并注明年、月、日。③代书遗嘱和打印遗嘱都要求有 2 个以上的见证人。在代书遗嘱中，其中一个见证人需要为代书人。打印遗嘱没有为见证人分配额外的角色，见证人不需要代为打印，打印人也可以不是见证人。

3. 录音、录像遗嘱

以录音、录像形式订立的遗嘱，应当有两个以上见证人在场见证。遗嘱人和见证人应当在录音、录像中记录其姓名或者肖像，以及年、月、日。在制作录像遗嘱过程中必须注意以下几点：①录像时不能只录立遗嘱人的上半身，必须录全身，并且周围的环境也要一并录制进去。因为录像遗嘱必须体现遗嘱录制时的真实情况。②录像遗嘱的见证人本人必须出现在录像中，是"在场"见证，而不是"在线"见证。③立遗嘱人和见证人必须各自手持身份证出现在录像中，身份证号码等信息要清晰可见。④立遗嘱人和见证人要清楚陈述立遗嘱的内容，以及立遗嘱的时间。该时间应该包括年份，月份，日期，三者一个不能少。

### 4. 口头遗嘱

口头遗嘱是遗嘱人在危急情况下口头订立的遗嘱。口头遗嘱虽然非常方便，只需要有两个以上见证人就可以。但也正是这种方便带来了非常大的不稳定性，所以与其他任何形式的遗嘱都不同，口头遗嘱在某些情况下会"自动失效"。口头遗嘱生效的前提条件是遇到危急情况，并且危急情况消除后，遗嘱人能够以书面或者录音、录像形式立遗嘱的，所立的口头遗嘱无效。此处应注意的是，危急情况消除后，只要遗嘱人有条件订立其他形式的遗嘱的，则口头遗嘱自动无效，而不论遗嘱人是否在危机情况消除后真实地订立了其他遗嘱。

---

**📘 典型案例**

老王遭遇车祸，进入 ICU 抢救前，在医生和两个护士的见证下，订立了一份口头遗嘱。后 ICU 抢救成功，老王术后恢复良好，回到单位上班的第二天，因为车祸烙下的残疾，下楼梯时从二楼滚下，头撞立柱，当场身亡。

**问题**：老王的遗产应该如何处理？

案例中，老王之前订立的口头遗嘱如果是在神志清醒的情况下订立的，则该口头遗嘱是有效的，因为老王遭遇车祸，进入 ICU 抢救，危在旦夕，符合法律规定的口头遗嘱必须是在危急情况下订立的条件，并且有两个以上的见证人在场见证。经过救治，老王恢复了健康，危急情况消除，并且还能回单位工作，可见，老王在此时有订立其他形式遗嘱的能力。虽然老王上班第二天意外去世，按照通常人的理解，可供另立遗嘱的时间并不长，但是老王仍有机会可以订立其他形式的遗嘱。所以本案中，老王之前订立的口头遗嘱无效。视为老王没有订立任何遗嘱，老王的遗产应该按照法定继承来处理。

### 5. 公证遗嘱

公证遗嘱，顾名思义，即以公证的方式设立的遗嘱。《民法典》取消了公证遗嘱优先的效力，规定立有数份遗嘱，内容相抵触的，以最后的遗嘱为准，公民得以非常自由地制订分配自己遗产的方案。公证遗嘱最高效力的取消，也可能会引发一些遗产纠纷。特别是对于家庭财产比较多，或者家庭成员比较复杂的家庭，即便已经立有公证遗嘱，但是遗产继承仍然充满了很多未知数。鱼与熊掌不可兼得。在注重人性化，重视公民个人自由意志的《民法典》时代，取消公证遗嘱的最高效力也是大势所趋。而这也给家族办公室带来了更多的挑战，一个大家族立有数份遗嘱究竟应该怎么处理？家族财产纠纷发生的可能性会有所提高，因而财产规划对于大家族来说是一个必需品。

## 第二节 | 遗嘱新规——设立遗嘱信托

遗嘱信托，是指以遗嘱的方式设立的信托。《民法典》第一千一百三十三条新增了关于"自然人可以依法设立遗嘱信托"的规定。至此，在我国法律上正式确立了自然人在遗嘱中设立信托的法律效力。但其实遗嘱信托在实践中是一直存在的。关于信托在前文第四章中已有详细介绍，此处仅对国内遗嘱信托第一案进行释明，以便各位读者对遗嘱信托有个初步印象。

> **典型案例**
>
> 2015 年，李某自书遗嘱一份，在遗嘱中搭建了一个信托，框架如下：①设立"李某家族信托基金"。妻子钦某某、三个兄妹负责管理基金，每年各从基金中领取管理费一万元。②在上海再购买房产一套，该房购买价约 650 万元左右，只传承给下一代，永久不得出售，现有三套房产可出售，出售的所得并入李某家族基金，不出售则收租金。③剩余财产约 1 400 万元，由家族基金管理。妻子钦某某及女儿每月可领取生活费一万元整，所有的医疗费全部报销，买房之前的房租全额领取。女儿国内的学费全部报销。妻儿、三兄妹医疗费自费部分报销一半。2017 年法院认定李某所立的遗嘱有效，信托依法成立。

李某在遗嘱中设立遗嘱信托时，法律还没有对遗嘱信托的效力进行明确认定。2021 年开始施行的《民法典》才正式确认了遗嘱信托的效力，自此，自然人可以自由地在遗嘱中搭建类似李某一样的遗嘱信托，安排自己的身后事，这是一个行之有效的办法。遗嘱信托设立简单，省去了设立商业信托的烦琐手续。但是，遗嘱信托却面临着很多商业信托根本不需要考虑的因素，例如设立遗嘱信托的第一步是要找到合适的受委托人，受委托人最好同时具备人品过硬、懂法律、懂金融投资等各种硬件要求。加之，自然人都要面临生老病死，也就意味着受委托人一旦病逝，则遗嘱信托将无法执行，这种状况下继承人之间产生纠纷的可能性会更大。一如本案，即便委托人都还在世，却仍免不了卷入一场诉讼的困扰。

　　财富管理领域流传着这样一句话："越靠近财富的地方就越靠近风险，越靠近风险的地方就越靠近人性。"并非人人都能抵挡住金钱的诱惑。特别对于大额资产的传承来说，遗嘱绝对不能是唯一的工具。在你名下的财富不一定就是你的，100%受你控制的财富才是你真正的财富。

## 第三节 | 继承开始——四种继承方式

　　由于继承所带来的不确定性，为了避免众多的家庭成员间可能产生的遗产纠纷，大多数的超高净值人士并不是通过继承的方式，而是通过设立家族办公室来综合运用家族信托等多种法律工具和金融工具，合理地将家族财富分配给家族成员。但是并不是所有的家族财产都能及时地、百分之百地装入家族信托。对于一些未能装入家族信托的财产，家族办公室就必须考虑采用何种继承方式更加合理。我们先来熟悉一下法律规定的四种继承方式的操作方法和注意事项。

### 法定继承

　　法定继承是由法定继承人依据法律的规定进行继承。法定继承人包括：第一顺序的配偶、子女、父母，以及第二顺序的兄弟姐妹、祖父母、外祖父母。

　　此处进行几点说明：①按照法定继承进行遗产继承的前提条件是，被继承人没有订立任何的遗嘱或遗赠扶养协议。②孙子女、外孙子女并不是法定继承人。③孙子女、外孙子女是代位继承人，代位继承人属于第一顺位继承人。④被继承人去世后，继承即开始，被继承人的遗产先由属于第一顺序继承人继承均分，即便第一顺序继承人只有一个人也由该人继承全部遗产，第二顺序的继承人不继承。如果第一顺序继承人均已过世，则由第二顺序的继承人均分。如果第二顺序的继承人也均过世，则遗产归国家或集体所有制组织所有。⑤第一顺序的子女包括婚生子女、非婚生子女、养子女。继子女比较特殊，和养子女不同，继子女并不当然地成为法定继承人，继子女必须和被继承人形成扶养关系才能成为法定继承人，否则继子女不属于法定继承人。⑥第一顺序的父母包括生父母、养父母。继父母要想成为法定继承人，也必须要与被继承人形成扶养关系。⑦继承人可以放弃继承遗产，但必须在遗产处理前，以书面形式作出放弃继承的意思表示。

**遗嘱继承**

遗嘱继承，是指继承人按照被继承人生前订立的有效遗嘱进行继承的一种继承方式。

遗嘱继承时几个需要注意的问题：①遗嘱继承适用的前提条件是，被继承人生前订立了有效的遗嘱。②遗嘱继承这种继承方式中的继承人专指法定继承人。虽然非法定继承人也可以通过遗嘱的方式获得遗产，但是法律上称之为"遗赠"，会有一些特殊的规定（详见下文）。③如果既有遗嘱，又有遗赠扶养协议，则无论订立的时间早晚，均优先适用遗赠扶养协议。④继承人可以放弃继承遗产，但必须在遗产处理前，以书面形式作出放弃继承的意思表示。

**遗赠**

遗赠，是指非法定继承人按照被继承人生前订立的有效遗嘱进行继承的一种继承方式。

遗赠是一种很特殊的继承方式，并且设置的限制较多：①遗赠中的继承人（即"受遗赠人"）必须是非法定继承人。②受遗赠人可以是自然人，也可以是国家、集体或任何组织。③与法定继承人不同，受遗赠人如果想要接受遗赠的遗产，必须在知道受遗的事实后六十日内，作出接受或者放弃受遗赠的表示。如果超过六十日没有做出接受的意思表示或者做出放弃受赠遗产的意思表示，均视为受遗赠人放弃受赠的遗产。遗产被放弃的部分按照遗嘱（如有）或者法定继承来处理。④与法定继承人不同，法定继承人做出放弃继承遗产的意思表示必须以书面的形式。但是对于受遗赠人而言，无论是接受遗产还是放弃遗产的意思表示都不要求必须以书面的形式。实践中，受遗赠人对部分继承人做出接受遗赠的口头表示，制作公证书，占有受遗赠财产，以及向法院起诉等方式均可以视为做出接受遗赠的意思表示。

## 遗赠扶养协议

遗赠扶养协议，是指被继承人在生前可以与组织或者个人签订协议，约定该组织或个人承担被继承人生养死葬的义务，在被继承人去世后，该组织或个人有权依照协议获得被继承人的相关遗产。与被继承人签署遗赠扶养协议的相对方必须是法定继承人以外的组织或个人，即被继承人的法定继承人，不能与被继承人签署遗赠扶养协议，因为法定继承人对被继承人负有法定的扶养或赡养的义务。

上述四种遗产继承的方式对比，详见表7-1。

**表7-1    遗产继承的几种方式对比表**

| 继承方式 | 继承依据 | 继承人 | 适用顺序 |
| --- | --- | --- | --- |
| 法定继承 | 法律规定 | 法定继承人 | 没有遗赠扶养协议也没有遗嘱，则适用法定继承 |
| 遗嘱继承 | 遗嘱 | 遗嘱中确定的法定继承人 | 没有遗赠扶养协议，则适用遗嘱 |
| 遗赠 | 遗嘱 | ● 遗嘱中确定的国家、集体<br>● 遗嘱中确定的法定继承人以外的自然人 | |
| 遗赠扶养协议 | 遗赠扶养协议 | 遗赠扶养协议中确定的组织或自然人 | 优先适用 |

## 第四节 | 继承新规——遗产管理人

遗产管理人的内容是《民法典》的一个亮点，从第一千一百四十五条到第一千一百四十九条，一共新增了 5 条。法律条款的增减是对现实生活需求的反馈。在物质生活比较贫瘠的时代，被继承人过世后，连遗产都很少，何谈"管理"。但在物质生活水平不断提高的今天，国民财富增加了。不但数量上增加了而且财富种类还很复杂，以至于需要在法律中增加遗产管理人这一制度。

家族办公室作为家族的"超级大管家"，于情是家族办公室职责所在，于法遗产管理人的法律职责正好与家族办公室的专业相匹配，家族办公室是当之无愧的、最合适的家族遗产管理人。所以，关于遗产管理人这 5 条《民法典》新条文的出现，对家族办公室的意义非常重大。家族办公室在家族中的作用变得越来越重要，而家族办公室肩上的担子也越来越重。如何当好一个合格的遗产管理人，遗产管理人都有哪些职责，如何能够在发生遗产纠纷前就化解危机，维护家族的和谐稳定，是家族办公室必须要知道的技能和规划的重点。

1. 遗嘱执行人和遗产管理人

我们先来厘清两个概念，遗嘱执行人和遗产管理人。遗嘱执行人是立遗嘱人在遗嘱中指定的，在立遗嘱人过世后负责执行遗嘱内容，将遗嘱付诸实施的人。在立遗嘱人过世后，遗嘱执行人为遗产管理人。遗产管理人只负责管理遗产，与遗产管理不相关的其他遗嘱所述事宜，属于遗嘱执行人的职责。

2. 遗产管理人的职责

①清理遗产并制作遗产清单。虽然只有简单的一句话，但是，这个工作

并不像看上去这么简单（详见下文典型案例）。②向继承人报告遗产情况。遗产管理人需要根据遗产清单，详细地向所有继承人报告遗产的范围、类型、价值等基本情况。③采取必要措施防止遗产毁损、灭失。遗产管理人必须尽到审慎管理人的职责，妥善地保护好遗产，由此产生的相关费用可以从遗产中支取。④处理被继承人的债权债务。这可能意味着必要时，遗产管理人应该作为原告或者被告参与到被继承人债务纠纷的处理当中。⑤按照遗嘱或者依照法律规定分割遗产，这就要求遗产管理人必须具备相当的法律素养。第④项和第⑤项大大提升了遗产管理人的任职门槛，并不是所有人都可以担任遗产管理人。

> **🥚 典型案例**
>
> 　　委托人是一位年长的女性叶某。叶某，书香门第，丁克家庭，没有孩子，老伴走得早，只剩下叶某一个人，因为身边没有亲近的人，叶某这么多年一直独来独往。她家里的藏品不少，有古玩玉器，还有一些名人的字画，叶某希望百年之后这些遗产都捐给慈善组织，资助孤寡老人，并且指定了家族办公室作为遗嘱执行人。
>
> 　　几年后，叶某去世，家族办公室成为遗产管理人，家族办公室开始了第一步的清理遗产工作。老人将近300平方米的屋子里，堆满了各种物件。20世纪的报纸、小人书、矿泉水瓶等杂物就堆满了一间将近70平方米的卧室，这么多的物品，不要说登记造册了，垃圾清理都是一个不小的工程。最为棘手的是在这些堆成小山的垃圾中，还夹杂着很多珍贵的藏品。家族办公室聘请了专业的第三方遗产清点机构进行遗产清点工作。为每一个物品登记造册，拍照封存后交专业的鉴定部门进行鉴定。整个工作持续了几个月的时间。

　　遗产管理人既意味着莫大的信任，也意味着莫大的责任。作为遗产管理人，必备的两个硬件就是专业+信任，这也就让家族办公室成为遗产管理人的最佳人选。家族办公室通过与客户长期的陪伴，让客户对家族办公室产生了高度的信任，同时也可以用自身的专业为客户更好地提供服务。

**规划关键词：接班人选任、多子女家族成员管理**

**家庭情况：**

- 何总，前著名运动员，后转行商业，创立了某大型商业清洁用品公司。

- 何太，何总结发妻子。二人育有多名子女。

- 大儿子何一在大学攻读的是商业投资专业。

- 随着年龄的增长，子女们开始参与家族企业。

**投资情况：**

- 该家族的财富投资以临时投资方式为主，缺乏科学合理的决策框架。

- 家族的财富存放在不同的银行，由银行投入到一些稳健、常规的理财项目中。这些投资并没有从何总家族的特点出发，也不可能反映出何总家族成员的个性化意愿。

**客户需求：**

- 何总夫妇意识到，他们需要将家族投资组合制度化并创建一个正规的、量身定制的投资管理流程，以简化和制订决策战略，并为潜在的未来收购或投资提供流动性的资金支持。

- 家族成员应该具备丰富的私人投资经验和知识储备。

- 何总希望投资组合能够兼具传承家族财富的作用，并让家人逐渐掌握财富代际转移方面的专业知识。

- 何总希望把企业交给大儿子何一接管。

**规划要点：**

（1）家族财富管理

- 切断与众多银行的投资关系，只保留一家银行，以满足日常的业务需求。其余所有的投资管理整合到家族办公室中。

- 按照二代子女人数，在家族办公室下成立多个独立信托，一部分资金设立生活消费类信托，满足子女的日常生活需要，另一部分直接交由子女，在家族办公室投资顾问的协助下进行对外投资。

- 除何一以外的其他家族二代们，全面参与到家族财富管理的工作中来，并按照个人兴趣分配在海外资产配置、国内私募、慈善等各个项目中，并作为各项目的负责人，全职参与家族财富管理。

- 何一退出家族财富管理一线执行者的角色，上升到决策者的层面，投资最终的决策权也将由何一行使。何一开始学习投资组合的各项评估因素。

（2）家族企业传承

- 何一与家族办公室进行了多次接触。家族办公室首先意识到，因为何总正在越来越少地参与企业经营，因此对于何总家族企业治理的原则是给何一更多自由裁量的权利，何一做好全面接手企业的准备，家族办公室做好何一的辅助者。

- 家族办公室把家族企业投资的视线聚焦在行业上下游产业的布局上，充分发挥协同的战略作用。这种协同战略同时也极大地开阔了何一的视野，让何一拥有了一个企业领导者应该具备的眼界高度。

- 何一之前是何总公司不上市决定的坚决执行者，虽然何一并不知其然。但是，现在何一在了解私营企业准备上市所涉及的步骤后，他对于企业对外投资有了新的想法，并选定了包括以下配置的投资增长组合：50%投资到私募股权项目上，20%用于二级市场投资，剩余的30%进行多元化的投资。

有了家族办公室的扶持，何一可以将目前的主要精力放在发展家族企业上，而其他子女则专注于家族财富的管理上，这一系列举措使得家族企业的传承非常顺利，子女之间也未产生任何矛盾。

### 知识加油站

#### 如何选任企业的接班人？

借助何总家族案例，我们得以窥探企业接班人选任的智慧。可以说，何总家族案件的成功，家族办公室的助力只是原因之一，更重要的原因是何总数十年的苦心规划。

第一步，选定接班人。何总根据子女不同的性格，选定了合格的接班人何一。（1）何一是家里的长子，性格沉稳，有责任感。何一从小骨子里就已经刻上了责任感的烙印，这就决定了何一将来成为家族领导者之后，不会抛弃弟弟妹妹们，所有的家人都会得到妥善的照顾；（2）何一是个普通的孩子。何一学习不是最优秀的，体育不是最拔尖的。何家最聪明的是何一的弟弟何二，何二从小就是个小学霸，并且专注力非常强。小女儿何三是速滑队专业运动员。但是企业经营不是搞科研，不能专注于一个领域拔不出来，企业家要能做到多线程思维，他必须具备同时处理众多事务的能力；企业传承也不是参加世锦赛，对于企二代来说，先要学会的是"守城"，而不是"攻城"，家族企业到第二代的手中，最重要的是资产的保值，在此基础上才是增值，因此何一必须首先是个能安于守城的学习者。

第二步，培养接班人。很多企业二代从事的都是投资行业，企二代们缺少的是对于家族企业行业的专业知识，但是他们的优势是对新鲜事物接受的程度很高，从事投资也是深入了解一个行业非常好的入口。正因如此，何总也让何一攻读了商业投资这个"可攻可守"的专业。何一在刚进入家族企业时，可以利用投资获得更多的行业咨询，迅速地融入这个圈子。同时，科学的投资规划，能让家族财富实现保值和增值。如此，何一既站稳了行业的脚跟，也在家族成员中树立了威望。

第三步，制度约束。家族办公室帮助何总起草的家族宪章中，很重要的一个章节就是企业接班人的选任和退出机制。像所有大家族的家长一样，何总永远都有 Plan B，确保如果何一遭遇不测，或者在符合特定条件下接班人退出家族领导者位置时，如何选任下一任接班人。何一和众多子女对此都是明知的。这既让何一头顶永远都有"达摩克利斯之剑"，不敢造次。同时，也让其他子女们有监督权，子女们也都心服口服，知道这个"族长"的位置并不好做。

企业接班，何总做到了既要有"诚心"，全力扶助何一成为家族领导者；也要有"手腕"，用规章制度约束人性。

# 第八章　家族办公室助力企业长青

公司是我们耳熟能详的商业形式，家族办公室的客户大部分都有自己的公司，主要的精力也会花在公司上，家族办公室想要与企业家们建立深度的链接，就要听懂企业家在聊什么，知道企业家在担忧什么，找到企业运营中的风险点，并为企业家排忧解难。加之，比较正规的家族办公室大部分也都会以公司的形态出现，所有的服务、结算、对外投资都会以公司作为载体。所以对公司的了解不仅是专业上必备的知识模块，也是运营家族办公室的基本功。

这一章节包括对国内各类公司形态的介绍，并以最常见的有限责任公司为重点，详细拆解公司各部门的职责和运营机制。

## 家族办公室的职业经理人

姜董出身于金融世家，其家族至今仍在多家包括银行在内的金融机构持有大额的股份。陶经理在姜董控股的一家银行任职多年，与姜董的私交非常好。

一天姜董向陶经理发出邀请，希望陶经理能够担任姜董家族办公室的负责人。面对这突如其来的机会，陶经理显得非常兴奋，这意味着他从一个单纯的打工仔，变成了姜董家族一个重要的职业经理人，甚至在某种程度上说，他已经成为姜董家族重要的一员。他将更多地了解到这个家族的机密信息，参与到整个家族战略的规划中。陶经理认为凭其对姜董家族的了解和多年来丰富的银行从业经验，他有信心、有资格胜任这一职位。

陶经理上任后不久，他沮丧地发现自己之前对这个家族的了解只是冰山一角。特别是，由于姜董家族在全球各地都有海外资产和实体，陶经理在业务上感到非常迷茫。同时，陶经理发现姜董的家族办公室真的是从零起步，没有搭建起任何专业的结构。反观他在银行工作时，银行拥有丰富的资源，和一整套相关的工具、风险控制和指南。现在，身处于家族办公室，甚至连工作描述都没有，陶经理对于家族办公室的领域范围或他的工作职责没有丝毫的概念。

陶经理无奈寻求第三方专业家族办公室的支持，希望能了解他应该承担什么样的角色，以及如何从零开始搭建一个家族办公室。在与家族办公室的合作中，陶经理知道了，首先必须制订一个短期计划，以确定他作为负责人的工作范围、优先次序，以及他如何评估关键业务、财务、投资、税务、法律、会计、资源配置、遗产规划和家族服务需求。家族办公室与陶经理一起制订了职位要求，这样他就可以向上百位家族重要成员提供完整的关于职位描述的《家族办公室手册》草案，其中明确了各职能的角色、监督和管理职责、期望、目标、评估指标，以及家族办公室的近期目标和远期规划。同时附带一整套的标准文件，包括家族使命声明、目标清单、风险管理流程、投资策略等。

　　姜董非常支持家族办公室向陶经理提供帮助，并提出了自己对于家族办公室的设想作为参考。陶经理随后为姜董提供了一个家族办公室的框架和发展路线图，并重点关注家族办公室的早期设立需求。家族办公室会不断发展，因此，职位描述、目标、衡量标准以及家族办公室的其他功能也都应该是可以动态调整的。

　　最后一个考虑因素是为家族办公室的高管们铺设表达问题和需求的途径，这一点尤为重要，因为他们大多数都是从公司职员中选拔的，他们已经习惯于对姜董家人说"是"，即使他们应该说"不"。因此，需要建立一个能够促进诚实反馈和平等对话的机制。

　　陶经理发现，家族办公室的底层是"公司"和"人"。家族办公室的很多地方都与公司很相似，都是很多人在一起朝着一个共同的目标努力工作，需要制订相关的规则。但是与普通公司不同之处在于，家族办公室的"人合性"色彩更浓一些，因为所处理的事情和服务的对象是家"人"。所有的服务都是希望家族成员生活得更幸福，增强家族凝聚力，这两个要素必须要贯穿在所有制度的设定中。"人"的因素，和"公司"的因素两者互相融合，又互相较量。在哪些事情上哪种因素应该占上风，这非常考验家族办公室掌舵人的判断能力。

## 第一节 | 企业责任——有限还是无限？

公司严格来说仅仅包括有限公司和股份公司。更准确地可以囊括所有商业实体的称谓是"企业"。法律上对企业的分类会参考企业的资本构成、企业的责任形式和企业在法律上的地位这三个因素，进而把企业分为独资企业、合伙企业和公司。但如果按照经济类型对企业进行分类，企业可以分为国有经济、集体所有制经济、私营经济、联营经济、股份制经济、涉外经济（包括外商投资、中外合资）等经济类型。个体工商户也是我们常见的市场参与主体，但因为其主要是以自然人或者家庭为单位从事工商经营活动，并且不具备独立法人资格，故严格意义上来讲，个体工商户不应该属于企业的范畴。但为了读者能够对商业市场有全面的了解，故本章最后也会为读者解读个体工商户。本书意在让读者对企业有初步的了解，因此并不会严格按照学理上的分类对所有的企业一一罗列，仅对一些常见的企业类型加以重点讲述。企业分类及常见的商业主体见图 8-1 和表 8-1。

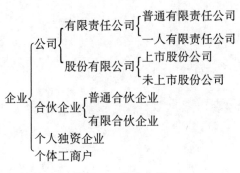

**图 8-1　企业分类**

表 8-1　几种常见的商业主体对比表

| 主体类型 | 资本构成或组织形式 | 股东对公司债务承担责任的范围 | 法律地位 | 主要法律规定 |
|---|---|---|---|---|
| 有限公司 | 一个以上五十个以下股东（股东可以是自然人也可以是法人） | 有限责任 | 具备独立法人资格 | 《公司法》 |
| 一人有限公司 | 一个股东（股东可以是自然人也可以是法人） | 有限责任 | 具备独立法人资格 | 《公司法》 |
| 股份公司 | 一人以上二百人以下的发起人 | 有限责任 | 具备独立法人资格 | 《公司法》 |
| 国有企业 | 国家出资兴办，包括国有独资企业、国有独资公司以及国有资本控股公司 | 有限责任 | 具备独立法人资格 | 《中华人民共和国全民所有制工业企业法》 |
| 集体所有制企业 | 集体资本投资兴办 | 有限责任 | 具备独立法人资格 | 《中华人民共和国城镇集体所有制企业条例》 |
| 普通合伙企业 | 两个以上合伙人 | 无限连带责任 | 不具备独立法人资格 | 《中华人民共和国合伙企业法》（以下简称《合伙企业法》） |
| 有限合伙企业 | 两个以上五十个以下合伙人 | 普通合伙人：无限连带责任 有限合伙人：有限责任 | 不具备独立法人资格 | 《合伙企业法》 |
| 外资企业 | 包括外商独资、中外合资、中外合作企业。其组织形式包括有限公司、合伙企业、个人独资企业 | / | / | 《中华人民共和国外商投资法》 |
| 个人独资企业 | 一个自然人 | 无限连带责任 | 不具备独立法人资格 | 《中华人民共和国个人独资企业法》 |
| 个体工商户 | 自然人或者家庭 | 无限连带责任 | 不具备独立法人资格 | 《促进个体工商户发展条例》 |

## 第二节 | 企业架构——公司的五脏六腑

### 有限责任公司

有限责任公司，简称"有限公司"，是最常见的一种公司类型。家族办公室的实体通常会注册为"××企业咨询有限公司"。

1. 股东

有限责任公司的股东不能超过 50 个，这些股东可以是自然人也可以是其他法人。有限责任公司的自然人股东必须是完全民事行为能力人，国家公职人员等法律规定不能经商的人员不得成为股东。法人也可以做有限公司的股东，例如 A 有限公司可以投资 B 有限公司，成为 B 有限公司的股东。有限责任公司的股东以认缴的出资为限对公司的债务承担有限责任。但如果发生法人人格混同，则股东对公司的债务需要承担无限连带责任。

一个自然人也可以注册成立有限责任公司，但是一个自然人只能设立一个一人有限责任公司，并且该一人有限责任公司不能再成立一个一人有限公司。鉴于一人有限公司的股东只有一个，很容易发生人格混同的情况，故法律特别规定，一人有限公司在发生资不抵债时，股东必须举证证明公司财产独立于股东自己的财产，即一人有限公司的股东必须主动"自证清白"，如果无法证明，则一人有限公司的股东必须对公司的债务承担连带责任。但是普通有限责任公司的股东则不需要自证清白。普通有限责任公司发生资不抵债时，证明公司发生人格混同的举证责任落在债权人身上，债权人必须有充分的证据证明该公司有人格混同情况的存在，才能让股东对公司的债务承担连带责任。

股东所持有的股权包括三类权利：所有权、分红权和表决权。分红权和表决权在第六章已经谈及，本节重点对表决权进行说明。股东通过行使表决权来对公司的事项进行表决。对于修改公司章程、增加或者减少注册资本的决议，以及公司合并、分立、解散或者变更公司形式这些重大事项的决议必须经过代表三分之二以上表决权的股东通过，对于除重大事项以外的一般事项的决议经过代表二分之一以上表决权的股东通过即可。通常来说，有限责任公司的股份每股享有一个表决权，但是公司章程也可以做出不同的规定，即同股不同权。

---

### ❧ 典型案例

某公司有 A、B、C、D 四个股东，各自持有的股份比例为 30%、30%、20%、20%。公司发起时，股东之间约定每一个百分点的股权享有 1 个表决权，则 A、B、C、D 享有的表决权各为 30、30、20、20。

在公司经营的过程中，A 股东的作用越来越大，但是碍于表决权的限制，A 的决定往往无法在股东会上通过。于是为了公司更好地发展，股东之间约定 A 所持有的每一个百分点的股权享有 3 个投票权，则 A、B、C、D 享有表决权变更为 90、30、20、20，此时 A 所持有的表决权已经超过二分之一，则对于除重大事项以外的一般事项，A 都有绝对的决定权，如此既调动了 A 的积极性，让公司更好地发展，同时也保护了 B、C、D 三个人的分红不受影响。同时 A 所持有的表决权并未超过三分之二，所以 B、C、D 对决定公司生死的重大事项仍然享有表决权。通过同股不同权的设计，让各方实现了共赢。

---

2. 出资

有限责任公司应该有注册资本。除保险、证券、银行、基金等特殊行业外，法律并未对有限公司成立时的注册资本进行限制，所以理论上来讲 1 元钱也可以成立公司。但是注册资本是企业实力的对外展示，所以要根据企业的实际情况确定注册资本的数额。

2024年7月1日开始施行的《公司法》第四十七条明确规定，有限责任公司应自公司成立之日起五年内缴足注册资本。实践中，对于已经成立的企业设置了三年的宽限期，企业可以在此宽限期内采取调整出资期限、出资数额等一系列应对措施。此条是对公司注册资本登记制度一个非常重要的修订。在此前注册资本认缴制的时代，因为法律并未规定股东出资的实际缴纳期限，所以很多的企业家都把企业的注册资本标得很高，但公司的实际投资却非常低，造成了市场的虚假繁荣。而公司一旦资不抵债，发现股东大多数都没有足额缴纳出资，需要以股东个人资产在出资的范围内对企业债务承担连带责任。相信此次对《公司法》的修订，会大大减少此类现象的发生，更有助于维护市场经济的稳定发展。

有限公司的股东可以用货币、实物、知识产权、土地使用权、股权、债权等可以用货币估价并可以依法转让的非货币财产作价出资，但是不能以劳务出资。实践中，对于作为出资的非货币财产，并不要求一定要进行评估作价才能办理工商登记手续。另外，对知识产权出资所占的比例，法律也未进行任何限制，这极大地便利了科技人员以知识产权参股。

3. 股东对公司债务承担责任的范围

公司独立于股东，是具有独立法人资格的民事主体，所以有限责任公司的股东对公司承担的是有限的责任，即股东以认缴的出资为限，对公司的债务承担有限责任。但是这种"有限"并不是绝对的，如发生股东滥用公司法人独立地位和股东有限责任的情况时，股东需要对公司的债务承担无限连带责任，这种情况被生动地称为"刺破公司面纱"或"揭开公司面纱"，在学界也称之为"公司法人人格否认制度"。为方便记忆，下文我们统一称之为"刺破公司面纱"。

可以刺破公司面纱的情况大致包括以下几种：①人格混同。这是指公司的股东和公司之间在财务上混为一体，无法进行区分。表现为股东用个人账户收公司款项，股东随意使用公司资金，股东用公司的资金偿还个人债务等。②过度支配与控制。这是指股东对公司的过度支配和控制，使得公司丧失独立性，使得债权人的利益受损。可表现为母子公司等关联公司之间进行利益输送或不正当的关联交易，将所有利润都集中在一个公司，损害债权人利益等。③资本显著不足。这是指股东投入到公司的用于经营的资金显著不足，妄图以小博大，损害债权人利益的行为。

> **💠 典型案例**
>
> A 公司向 B 公司出具借条，向 B 公司借款。后 B 公司将其对 A 公司的债权转让给 C 公司。C 公司因要求 A 公司还款无果，遂向法院起诉，要求 A 公司还款，并要求 D 公司（A 公司的出资人）对 A 公司的债务承担连带责任。
>
> 法院确认：①A 公司不经营具体业务，不享有资产处置权，A 公司的财务来源于 D 公司拨款；②D 公司将 A 公司的楼房销售款、房屋动迁款、房屋出租租金等全部资产收益转移至 D 公司账户，导致 A 公司丧失独立的偿债能力，损害了 A 公司债权人的利益。
>
> 法院最终判决认定，D 公司构成滥用法人独立地位和出资人有限责任，应当对 A 公司欠付 C 公司的债务承担连带责任。

### 4. 组织架构

有限责任公司组织架构如图 8-2 所示。

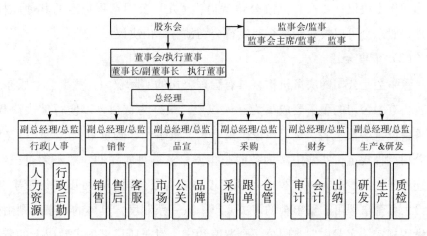

**图 8-2　有限责任公司组织架构①**

---

① 各公司根据规模大小或管理制度会有相应调整。

（1）股东会

股东会是有限公司的最高权力机构，对公司所有的重大事项股东会都有最终决定权。股东会需要定期召开会议，会议召开十五日前应该通知全体股东。法律并未对参加股东会的股东人数做出限制，公司章程可以进行补充规定。股东会对所议事项应该做出决议，并形成会议记录，出席会议的股东需要在会议记录上签名。普通事项的决议经过代表二分之一以上表决权的股东通过即可。重大事项的决议，包括修改公司章程、增加或者减少注册资本的决议，以及公司合并、分立、解散或者变更公司形式的决议必须经过代表三分之二以上表决权的股东通过。股东会定期召开会议，一般是一年一次。也可以召开临时股东会会议，代表十分之一以上表决权的股东，三分之一以上的董事，监事会或者不设监事会的公司的监事都有权提议召开临时股东会会议。

根据《公司法》第五十九条的规定，股东会的职权包括：（一）选举和更换董事、监事，决定有关董事、监事的报酬事项；（二）审议批准董事会的报告；（三）审议批准监事会的报告；（四）审议批准公司的利润分配方案和弥补亏损方案；（五）对公司增加或者减少注册资本作出决议；（六）对发行公司债券作出决议；（七）对公司合并、分立、解散、清算或者变更公司形式作出决议；（八）修改公司章程；（九）公司章程规定的其他职权。另外，股东会可以授权董事会对发行公司债券作出决议。

（2）董事会

董事会是公司的决策机构，具有管理公司的实际权力，董事会对股东会负责。有限公司的董事会成员为三人以上，最好为奇数，以便行使表决权。董事会设董事长一名，也可以设副董事长，董事长和副董事长的选举办法都由公司章程规定，实践中多为各股东指派。董事每届任期一般不超过三年，可连选连任。股东人数较少或者规模较小的有限公司，也可以不设董事会，只设一名董事即可。董事会的表决实行一人一票制度，具体的议事规则由公司章程规定，实践中，有限公司会普遍约定，对于所议事项半数以上的董事通过即可。

根据《公司法》第六十七条的规定，董事会行使的职权包括：（一）召集股东会会议，并向股东会报告工作；（二）执行股东会的决议；（三）决定公司的经营计划和投资方案；（四）制订公司的利润分配方案和弥补亏损方案；（五）制订公司增加或者减少注册资本以及发行公司债券的方案；（六）制订公司合并、分立、解散或者变更公司形式的方案；（七）决定公司内部管理机构的设置；（八）决定聘任或者解聘公司经理及其报酬事项，并根据经理的提名决定聘任或者解聘公司副经理、财务负责人及其报酬事项；（九）制定公司的基本管理制度；（十）公司章程规定或者股东会授予的其他职权。

（3）监事

监事是公司的监督机构。监事主要负责对公司各项事务的监察工作，发现公司有经营异常的情况可以进行调查，相关费用由公司承担。规模较小或者股东人数较少的有限责任公司，可以不设监事会，设一名监事；经全体股东一致同意，也可以不设监事。董事、高级管理人员不得兼任监事。公司的高级管理人员通常包括总经理、副总经理、财务负责人，上市公司董事会秘书和公司章程规定的其他人员。监事的任期每届为三年。监事任期届满，连选可以连任。监事会的表决实行一人一票制度，具体的议事规则由公司章程规定。对于设立监事会的有限公司，监事会的决议应当经半数以上的监事通过。监事可以列席董事会会议。

根据《公司法》第七十八条的规定，监事会行使下列职权：（一）检查公司财务；（二）对董事、高级管理人员执行职务的行为进行监督，对违反法律、行政法规、公司章程或者股东会决议的董事、高级管理人员提出解任的建议；（三）当董事、高级管理人员的行为损害公司的利益时，要求董事、高级管理人员予以纠正；（四）提议召开临时股东会会议，在董事会不履行本法规定的召集和主持股东会会议职责时召集和主持股东会会议；（五）向股东会会议提出提案；（六）依照《公司法》第一百八十九条的规定，对董事、高级管理人员提起诉讼；（七）公司章程规定的其他职权。

（4）总经理

有限公司通常设总经理，负责公司的具体运营工作。总经理对董事会负责，由董事会聘任或解聘，总经理通常列席董事会会议。总经理下可以设副总经理若干，也可以设总监。由副总经理或总监负责各部门的具体工作。总监下面的层级可以包括高级经理、经理、干事、助理、实习生等，各公司根据规模大小可能有部分调整。

很多的外资企业倾向于扁平型的组织模式，人数较少的公司也大部分是扁平型的组织。部分国内企业，或人数较多的公司会更倾向于采用图 8-3 中所示的层层汇报的层级型组织模式。扁平型的组织更有助于调动员工的积极性，但是层级型的组织效率会更高。

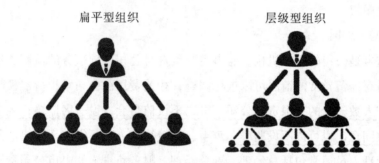

扁平型组织　　　　　　　层级型组织

**图 8-3　扁平型组织和层级型组织示意图**

5. 章程和股东协议

公司章程相当于公司的"宪法"，侧重于规定公司的组织和活动等运营事项，内容包括公司的注册登记情况、组织架构、主要成员、运营模式等重大事项。股东协议是股东之间签署的，侧重约定股东的出资、利润分配、转股、退股等事宜。公司章程需要股东签署，并且在公司成立之后即对股东、董事、高级管理人员有约束力。股东协议在股东之间签署，也仅对股东有约束力。

公司章程和股东协议都是公司设立时必须向登记机关出具的法律文件，二者的内容也多有重叠之处。但是因为公司成立登记时适用的普遍都是登记机关起草的格式范本，千篇一律，并不能更好地解决每个公司的特殊问题。这就可能出现公司章程和股东协议内容不一致的情况，或者用于公司成立登记的股东协议和股东之间真正想要签署的股东协议不一致的情况。如果因为两份文件之间的矛盾导致纠纷产生，需要根据纠纷主体的不同采取不同的处理方式。如果公司和第三方之间产生纠纷，因为公司章程是对外公示的，所以会以公司章程规定为准。如果是股东之间产生纠纷，通常会以能体现股东之间真实意思的股东协议为准。

## 股份公司

1. 股份公司概览

股份公司也就是"股份有限公司"，与有限责任公司相同，股份公司的股东也是以出资额为限，对公司的债务承担有限责任。但二者最大的不同就在于股份的划分不同，有限责任公司的股份并不需要划分为等额股份，但是股份公司，顾名思义，必须要对股本进行划分，每个股东持有的是公司的股票，每股数额和金额相等。具体见表8-2。

股份公司，一人以上二百人以下为发起人，其中须有半数以上的发起人在中国境内有住所，但法律并未对国籍进行限制。股份公司可以由几个发起人共同发起设立，也可以采取向社会公开募集或者向特定对象募集的方式进行设立。上市公司是股份公司，但也有部分股份公司并未上市，也可以称之为股份公司。很多有限责任公司想要上市，则必须进行股份制改革，将有限责任公司变更为股份有限公司，也称之为"股改"或"改制"。

表8-2　有限责任公司和股份公司组织机构对比简表

| 机构 | 有限责任公司 | 股份有限公司 |
|---|---|---|
| 股东 | 一个以上五十个以下 | 一人以上二百人以下发起人 |
| 最高权力机构 | 股东会 | 股东大会 |
| 董事 | 董事会(三人以上)，可以仅设一名董事 | 董事会(三人以上)，可以仅设一名董事 |
| 监事 | 监事会(不少于三人)，或一名监事，或不设监事 | 监事会(不少于三人)，或一名监事 |

2. 公司上市

股份公司会将资本划分为每一股金额相等的股份，股份会以股票的形式存在。公司在运营过程中为了扩大再生产，需要进行融资，股票上市实际上是公司融资的方法之一。股民们购买股票其实是对公司未来有良好发展形势的一种肯定。发行股票，即股票上市，一般是采用公司在证券登记结算机构记载股东账户的方式来发行。股票上市后，股民就可以在二级市场买卖股票。二级市场又称流通市场或次级市场，像上海证券交易所、深圳证券交易所等都属于二级市场。

二级市场是相对于一级市场而言的。一级市场，又称发行市场或初级市场，其并不为公众所熟知。因为股票销售给最初购买者的过程并不是公开的，发行者不会直接同股票购买者进行交易，需要证券经纪人（在我国主要是证券公司）作为中介进行承销（承担和协助股票的销售）。也就是说，证券公司需要确保股票能够按照一定价格销售出去，在一级市场上获得肯定，股票才会在二级市场上公开流通，向公众销售。

股票要对外出售就要有发行价。发行价非常重要，会直接影响到上市。通常来讲股票会溢价发行，即股票的发行价格高于股票的票面价格；也可以按照票面金额发行，即平价发行。只有溢价或者平价发行，公司才能募集到公司所需要的资金。我国法律不允许股票低于票面金额发行，即不允许折价发行。股票在二级市场的发行价格不能太高，也不能太低。太高吸引不到足够的投资者，太低会导致公司筹集不到足够的资金。股票定价通常会参考一级市场的销售情况，二级市场整体以及相同行业的股票价格、市盈率，以及银行利率等因素。

股票分为记名股票和无记名股票两种。记名股票会登记在股东名册上。记名股票需要记载股东的姓名或者名称、住所、持股份数、股票编号、取得日期等；无记名股票只需记载股票数量编号及发行日期即可。我们在二级市场进行交易的股票，大部分都是无记名股票。两种股票只是记载方式有别，在其他股东权利等方面并无太大差别，持有无记名股票的股东也可以出席股东大会，但是需要在会议召开五日前至股东大会闭会时将股票交存于公司。

（1）改制。公司上市首先要成立股份公司，或者有限责任公司改制为股份有限公司。如果已经是股份公司，则不需要经过改制这一阶段。

（2）上市辅导。公司需要聘请专业的投资银行、律师、会计师、资产评估机构等进行上市前的准备，然后券商与相关中介机构会对企业进行上市辅导。首先对企业进行尽职调查，也就是从法律、财富的角度对公司所有事项进行事无巨细的调查；其次根据调查情况向公司出具全面的诊断报告；最后按照诊断报告对企业进行整改，也即"上市辅导"，目的是让企业建立符合上市要求的运行良好的组织机构。辅导的时间通常为几个月，也可能更长。

（3）发行筹备。主要是草拟招股书，确定企业的目的、规模、架构、股票估值等事宜。

（4）申报和审议。企业开始制作向证监会提交的上市申报材料，材料制作时间大概2~3个月。对于在主板和中小板上市的公司，由证监会审核，实行证监会核准制。证监会受理申报材料后，会与企业及券商等中介机构沟通，并需要企业根据证监会的反馈，不断修改完善申报材料。材料基本完善后，证监会会组织召开发行审核委员会，又称为"上会"，企业代表和保荐代表需要当场答辩。5个以上的委员通过，即为"过会"，也就意味着证监会通过了企业的发行申请，证监会会下发正式的核准文件。对于在创业板和科创板上市的公司，由交易所审核，然后在证监会申请注册，实行的是注册制。

（5）促销和发行。公司组建承销团，刊登招股说明书，向投资者进行推介路演，刊登上市公告书等。凭核准文件或注册制批文在选定的交易所完成敲钟仪式，挂牌上市。

**知识加油站**

### 独立董事

根据《公司法》的相关规定，上市公司必须设独立董事，独立董事对上市公司及全体股东负有诚信与勤勉义务。独立董事，根据中国证券监督管理委员会公告（〔2022〕14号）《上市公司独立董事规则》的规定，是指不在上市公司担任除董事外的其他职务，并与其所受聘的上市公司及其主要股东不存在可能妨碍其进行独立客观判断的关系的董事。独立董事通常由专家学者、律师、商业精英等眼界开阔、品德高尚、经验丰富的人担任。独立董事可以充分发挥其独立性和专业性的特征对上市公司进行监督，以达到权力制衡，维护上市公司广大股东，特别是中小股东权益的目的。

## 内幕交易

内幕交易，根据《中华人民共和国证券法》的相关规定，是指证券交易内幕信息的知情人和非法获取内幕信息的人利用内幕信息从事证券交易活动，其行为包括买卖该公司的证券，或者泄露该信息，或者建议他人买卖该证券。内幕交易违反了证券市场的"三公"原则，侵犯了广大投资者的合法权益，也损害了上市公司的利益，扰乱了金融市场的秩序，因此，内幕交易在世界各国都是法律明令禁止的行为。进行内幕交易情节严重的，还可能触犯《中华人民共和国刑法》第一百八十条，构成内幕交易罪，承担刑事责任。

## 第三节 | 多面企业——母子、总分、离岸

### 母公司子公司、分公司总公司、集团公司

很多人分不清楚母公司和子公司，以及总公司和分公司之间的关系和区别。有一个很简单的方法，就是从名称上来进行辨别。母公司和子公司，类似母子的关系，虽然母亲对孩子倾注了极大的心血，培养孩子，但是孩子仍然是一个独立的人。母公司对子公司有投资，但是二者都是各自独立的法律实体，子公司具有独立的法律人格，对外独立承担责任。分公司和总公司则不同，"分"是"总"的一部分，"分"本身并不独立存在，一如我们的手脚之于身体，所以分公司不具有独立的法律人格，其只能在总公司授权范围内进行经营活动。

分公司也需要办理登记，领取分公司的营业执照，也具有经营资格，即分公司可以自己的名义对外独立签订合同，可以自己作为原告或者被告。但是分公司作为被告时，通常总公司也会被列为被告，因为分公司的民事责任最终都由总公司承担。但是子公司作为被告时，因为子公司可以自行承担民事责任，所以母公司不会被列为共同被告，母公司也不需要承担子公司的民事责任。

母公司和子公司之间根据股权占比的多少，可以分为全资子公司，即子公司的股权100%由母公司持有；控股子公司，即子公司的股权50%以上由母公司持有，或者虽未达到50%的持股比例，但为所有股东中持股最多的一

个；参股子公司，未达到控股状态的子公司。

集团公司是指很多家公司形成一个集合团体，可以包括母公司、子公司、参股公司及其他成员企业或机构。集团公司本身不具有企业法人资格，各成员之间仍是独立的法人，独自核算。但是集团公司各成员均以集团章程为共同行为规范，更有助于调动整合资源，增加企业的竞争力。这有点类似一个大家族，虽然子孙都已经各自成家立业，但是仍然属于一个家族。成立一个全国性的集团公司，在公司资本上有硬性的要求，即母公司的注册资本要在 5 000 万元人民币以上，并至少拥有 5 家子公司；母公司和其子公司的注册资本总和在 1 亿元人民币以上。成立省级和市级的集团公司门槛稍低，但注册资本也都至少要在千万级别。

## 离岸公司

离岸公司是指非当地投资者在离岸法域依当地离岸公司法成立的仅能在离岸区以外区域进行营业活动的公司[①]，我国也称其为境外特殊目的公司（Special Purpose Vehicle，SPV）。离岸公司通过直接控股或者协议的方式，控制国内公司，离岸公司不需要在注册地实际运营，其业务可以在世界任何地方开展，注册地国家几乎没有任何限制。离岸公司的信息受到注册国的严格保护，股东可以自由选择公司的信息是否对外披露。离岸公司一般不需要向注册地缴税，只需要缴纳极低的管理费即可。离岸公司被各国银行广泛认可，可以开立账户，资金自由进出，没有外汇管制。同时，很多想要在国外上市的公司也有许多是通过离岸公司作为申请的壳公司。世界上著名离岸管辖区包括英属维尔京群岛、开曼群岛、巴哈马群岛、百慕大群岛、塞舌尔群岛等，多为岛国。

---

**✑ 典型案例**

男方经营一家公司，并在英属维尔京群岛设立了两个离岸公司 A 和 B。A 公司作为国内公司的股东之一，持有国内公司 15% 的股权。B 公司

---

① 张诗伟：《离岸公司法：理论制度与实务》，法律出版社，2004 年。

和国内公司签署了协议，成为国内公司实际上的控制人，并通过种种财务操作，使得国内公司所有的财产都交给了 B 公司，国内公司的财务报表处于常年亏损的状态。在女方起诉男方离婚，要求分割国内公司的股权和资产时，就遇到了一些困难。

公司的大股东是 A 公司，而不是男方，因为剩下 85% 的股份还包括其他股东和员工的股份。男方仅占国内公司 15% 的股份。女方认为 15% 的股份应该也价值不菲，初步估计，即便公司没有千亿资产，百亿资产总应该有的。15% 的一半也是一笔不小的数目，女方遂要求分得 7.5% 的股权。但当双方对簿公堂，男方拿出公司的财务报表举证公司亏损时，女方大吃一惊，公司居然连年亏损，公司所有利润都交给了设立在英属维尔京群岛的 B 公司。

女方认为，如果 A 公司的设立人是男方，自己应该也能分得股权。但让女方没想到的是，这遇到了更大的阻碍。英属维尔京群岛的公司具有高度的隐秘性，股东、账册这些都不可能在公开渠道获得。女方希望通过中国法院的调查令查到 A 公司的信息，但在执行上也存在诸多困难。境外文书的公证和认证需要很长时间，而即便经过一系列的公证和认证程序，调查令交到了英属维尔京群岛官方的手中，对方也未必能够配合调查。同时，还需要在英属维尔京群岛再次聘请律师协助调查，时间和金钱的成本很高。而且，女方申请调查令的过程中，无法排除男方再次通过财务操作，把 A 公司的利润做空的可能。

即便最后法院判决，男方确实持有设立在英属维尔京群岛 A 公司的股份，男方需要把持有的该公司股份的一半分给女方，但执行起来也需要很长时间，而且同样存在英属维尔京群岛的配合问题。最后，女方放弃了分割股权。

## 第四节 | 遭遇离婚——股权分割之痛

### "分解"股权

在涉及财产分割时，主要涉及以下几项股权中的权益：所有权，分红权，表决权，增值收益。各权利的概念，在前文中已有详细的描述，此处不再赘述。对于夫妻都是股东，都在公司持股的情况，如果没有特别约定，则夫妻双方在表决的时候还是按照各自的持股比例进行表决。但是任何一方在婚姻关系存续期间获得的股权，都属于夫妻双方共同财产。例如，丈夫持有某公司50%的股份，妻子持有5%的股份，如果将来离婚，双方所持有的股权比例应该相加才是夫妻的共同财产，即每人可以获得（50%+5%）/2 = 27.5%的公司股份。

### 有限责任公司股权的离婚分割

1. 有限责任公司的股权及增值如何分割

上市公司的股票是可以在二级市场公开流转的，估值方式和可参照条件比较多。但是因为有限责任公司还没有上市，所以夫妻双方分割有限责任公司的股权时，如果双方无法达成一致意见，那么就需要对公司股权价值进行评估。

诉讼阶段的股权评估操作起来略为复杂：第一，评估公司的股权价值，需要对公司进行司法审计，要对公司的所有账目、财产情况进行彻查。这对公司的合规要求很高，公司不能有任何违法违规行为，否则可能会上升成为刑事案件。第二，评估成本高。股权评估费用高昂，股权评估是实行累进制的计费方法，对于一个上千万的案件，股权评估费用就要几十万，并且是提出股权评估要求的一方先行承担。一般情况下，提出股权评估要求的一方基本都是不持有公司股权的一方，也就是经济条件不太好的一方。起诉时已经支付了律师费、诉讼费等各项费用，如果再承担股权评估费，很多人可能无法承受。第三，评估结果存在不确定性。作为持有股权的一方，当然不愿意进行股权评估，所以即便法院要求其提供财务账册，也多半不会积极配合。评估公司只能依据现有的凭证，再结合公司的银行流水、发票等间接凭证对股权的价值做一个粗略的评估，这种评估结果的真实性和准确性都大打折扣。

2. 股权评估基准日如何确定

股权评估基准日简单来说就是为了确定待分割股权的价值、股权对应的增值收益，或者股权分红数额而对截至某一日期的目标公司的资产与负债进行评估，该截止日期即为股权评估基准日。

实践中，股权评估基准日的确定方法并不相同。有些是以判决做出之日为基准日。但是为了更好地保证双方的利益，以起诉分割财产日的股价作为基准可能较为公平，对于离婚诉讼案件来说就是提起离婚诉讼之日。但如果男女双方在离婚案件中对股权分割方式未达成一致意见，而提出股权评估申请的，审理婚姻案件的法官如果认为该涉及股权商事纠纷的案件不适宜在家事案件中进行审理，则会要求双方另行提起离婚后财产纠纷诉讼。所以实践中股权评估基准日也可能是提起离婚后财产纠纷诉讼之日。

3. 有限责任公司中股权价值如何确定

确定有限责任公司中股权的价值可以以注册资本金、公司资产负债表、公司评估价值等为计算依据。但是上述各类依据均存在一定的不足，例如注册资本金无法体现公司的真实价值，资产负债表不能反映公司现在和未来的价值，评估依据不同可能产生不同的评估结果等。司法实践中，应该先由纠纷双方协商，协商不成的由法院根据评估结果酌情判决。

4. 如何确定公司分红数额

如果公司有分红，自然分割起来非常简单。但是国内现状是，尤其对于一些中小公司，出于种种考量，股东是不分红的，虽然《公司法》第八十九条规定了小股东的救济权利，但是配偶作为非股东方，无法直接在离婚案件中处理分红问题，也很难在离婚案件中要求作为股东方的配偶给予相应补偿。基本只能通过在离婚案件之外以"股东分红权受损"为由另行起诉。而提起类似的诉讼，作为非员工的配偶一方必须要先提供公司盈利而没有给股东分红相关的证据，其难度可想而知。

**法条链接**

《公司法》第八十九条　有下列情形之一的，对股东会该项决议投反对票的股东可以请求公司按照合理的价格收购其股权：

（一）公司连续五年不向股东分配利润，而公司该五年连续盈利，并且符合本法规定的分配利润条件；

（二）公司合并、分立、转让主要财产；

（三）公司章程规定的营业期限届满或者章程规定的其他解散事由出现，股东会通过决议修改章程使公司存续。

自股东会决议作出之日起六十日内，股东与公司不能达成股权收购协议的，股东可以自股东会决议作出之日起九十日内向人民法院提起诉讼。

公司的控股股东滥用股东权利，严重损害公司或者其他股东利益的，其他股东有权请求公司按照合理的价格收购其股权。

公司因本条第一款、第三款规定的情形收购的本公司股权，应当在六个月内依法转让或者注销。

5. 股权分割的几种方式

司法实践中，通常有以下几种处理股权的方式：

（1）支付股权折价款。以双方对股权价值协商一致的款项，或者经过股权评估后得出的公允价值为基数，计算出持股方应该支付给配偶方的股权折价款，并限期支付。离婚后，股权仍属于持股方一人所有。

（2）将部分股权直接转让给对方。持股方也可以直接将部分股权转让给未持股的配偶方。但是在这种情况下，必须要根据《公司法》第八十四条的规定向其他股东征询意见。有限责任公司是一个"人合"加"资合"的独立法人实体，股权是不能随意转让的，必须征求其他股东的同意。其他股东在同等条件下享有优先购买权。作为持股方的配偶可能会设置重重障碍，例如动员公司其他股东联名向对方发函，不允许对方成为公司的股东，或者即便对方成为公司的股东，其他股东也不允许该方参与公司的任何经营活动等。对公司的经营情况一概不知，公司是亏是赚的话语权也都掌握在别人手中，新加入的配偶方股东身份可能名存实亡。

**法条链接**

《公司法》第八十四条　有限责任公司的股东之间可以相互转让其全部或者部分股权。

股东向股东以外的人转让股权的，应当将股权转让的数量、价格、支付方式和期限等事项书面通知其他股东，其他股东在同等条件下有优先购买权。股东自接到书面通知之日起三十日内未答复的，视为放弃优先购买权。两个以上股东行使优先购买权的，协商确定各自的购买比例；协商不成的，按照转让时各自的出资比例行使优先购买权。

公司章程对股权转让另有规定的，从其规定。

（3）拍卖变卖。如果上述两种方式都无法操作，双方都不想要股权，那么就只能将股权进行拍卖或者变卖，所得款项由双方进行分割。

总之，从以上几种方式也可以看出股权分割的难度，对双方来说都如此。所以，双方才愿意坐下来协商，就股权折价款协商出一个双方都可以接受的数额。就股权分割来说，鱼死网破般坚持斗争，并不是明智之举。

## 6. 上市公司股权增值如何确定

### 🐟 典型案例

男方婚内低价取得了公司的部分未上市股票。几年后，公司上市，股票价格翻了十几倍。后双方感情不和，女方提出离婚，并要求享有男方所持股票增值收益的一半，约百万元人民币。女方的诉求能否得到支持？

第一，该股票是在婚姻关系存续期间产生的增值，所以依据法律规定，该增值部分应该是夫妻双方共同财产，女方有权分得相应的收益。

第二，应该如何计算股票的增值收益？乍看上去，女方的要求好像很合理。但是如果公司上市后，股票不增反跌，按照女方的计算逻辑，是否女方也应该承担男方的损失呢？所以按照股价的差额来计算夫妻分割的增值收益是个伪命题，不能这样简单粗暴地计算。司法实践中，夫妻股权分割时，比较合理的方式是按照股票市场的规则来确定股票的价格，通常以公司的市盈率来进行计算。市盈率可以用很多标准来衡量。从夫妻股权分割时法院的操作来看，同类比价是比较容易被接受的，也就是和同类型其他相同企业的股价进行对比。另外承销商和公司的成长性等因素也要进行综合考虑，来进行判定。

### 知识加油站

#### 什么是市盈率？

市盈率（Price-Earnings Ratio，PE Ratio）是指普通每股市价与每股收益的比率。例如，一个公司每股收益为 1 美元，股价为 10 美元，那么其 PE Ratio 为 10，即要花费 10 美元才能买下 1 美元的收益。市盈率 = 每股市价/每股收益。采用市盈率法可得：目标企业每股价值=企业市盈率×每股收益。[1]

---

① 徐宇. 基于市盈率法的海天味业投资价值研究 [D]. 桂林：桂林电子科技大学，2021.

## 离婚中代持股权的认定方法

离婚案件中往往会遭遇很多意外的"惊喜"。开庭时资产较多的一方经常拿出来一些"重磅"证据，如几百万甚至上千万的借条，股权代持协议等。隐匿夫妻共同财产之心昭然若揭。而这些借款和协议，往往会因为缺乏其他相关证据佐证，最终"不予采信"。

---

**⚄ 典型案例**

男方在婚前即持有某公司 10% 的股权。在诉讼过程中男方提出其所持有的该部分股权为代持，虽然工商登记上是男方持有，但是股权的实际归属人是其表弟，并且拿出了结婚前男方和其表弟签署的股权代持协议作为证据。

女方第一次提出：需要对代持协议的形成时间及签署人笔记进行司法鉴定。鉴定最后的结论与男方的说法是一致的，也就是说男方真的在和女方结婚前就与其表弟签署了这份股权代持协议。

女方第二次提出：该 10% 对应的出资款是人民币 200 万元，工商登记以及男方的转账记录均显示男方早在结婚前就已经实际缴纳了该 200 万元的出资款，但是男方却拿不出证据证明这 200 万元是其表弟实际支付给他的。另外，男方收到的股权分红，也从来没有支付给其表弟。

以上种种证据表明，这份代持协议只是一纸空文，是男方早有预谋地为了规避婚姻风险和转移资产而特别制作。男方的这种行为，严重地损害了女方的合法利益。法院最终认定，股权代持协议无效，公司股权仍然需要作为夫妻共同财产进行分割。

另外，如果本案中男方持有的股权是一个上市公司的股权，并有代持行为，则不符合证监会对上市公司股权架构清晰的要求，属于公司必须披露的事项。如果所谓的"股权代持"事项公司未进行披露，那么，此份代持协议的存在有可能构成虚假陈述的行为，会受到证监会的严厉处罚。女方也可以此为谈判筹码，争取更多的财产份额。

---

## 低价转让股权一定能追回吗？

> ### 🔖 典型案例
>
> 在一个离婚后财产纠纷诉讼中，女方查出，男方曾经将婚内取得的价值 500 万元的有限责任公司股权作价 450 万元转让给了男方的老乡，现在这部分股权的价值为 2 000 万元。
>
> 女方认为：女方没有在股权转让合同上签字，男方无权转让夫妻共有的股权，且股权转让款作价过低，严重侵害了女方的权益，男方老乡不构成善意相对人，要求撤销该转让。
>
> 经查，男方的老乡在签署完股权转让协议之后，已经支付了相应的转让款给男方，并且工商登记已经过户。
>
> 案情解析：实际上，男方作为工商登记上记载的股东，其有权独自一个人签署并转让其名下的股权，并不需要女方的签署。同时如果第三人也就是本案中男方的老乡是善意相对人，那么该股权转让就是有效的。股权转让中的善意是指第三人不知道且不应当知道转让人无权处分，支付了对价款，并且该对价款不过分低于股权价值。本案中，男方的老乡知道男方是公司的负责人，所以其有理由相信与男方签订的股权转让协议是有效的，并且随后又按照合同如约支付了对价款。该对价款虽然远远低于女方起诉时的价值，但是并不过分低于当初股权转让时的价值，故男方的老乡构成善意相对人，该股权转让是有效的，女方无权要回。女方仅可以将股权转让获得的 450 万元人民币作为夫妻共同财产进行分割。

### 避免夫妻股权纷争的几个方案

1. 避免设立"夫妻店"

有限责任公司的股东只在其认缴出资的范围内承担有限责任，所以法律要求有限责任公司股东的个人资产和公司的资产必须要明确区分，否则可能发生股东个人与公司人格混同的情况。而一旦出现这种情况，结果是股东的有限责任被"刺穿"，即前文提到的刺破公司面纱，股东需要以个人资产对公司的债务承担连带责任。

一人有限公司和普通的有限责任公司都是有限责任公司。正如上文所述，在公司资不抵债时，一人有限公司的股东必须要主动自证清白；而有限责任公司的股东，并不需要自证清白。为了规避一人有限公司较高的债务风险，很多创业者都以夫妻二人的名义设立一家有限责任公司，并认为毕竟有两个股东，所以应该不会被视为一人有限公司，股东的创业风险大大降低。但是夫妻二人是一个经济共同体，以夫妻作为唯二的股东成立的有限公司毕竟不同于普通的两个没有任何关系的自然人设立的有限公司。

那么夫妻二人设立的有限公司到底能不能被认定为一人有限公司，从而让股东面临较高的债务风险呢？在司法实践中这个问题也颇具争议。部分观点认为：夫妻店是一人有限公司。因为夫妻在婚姻存续期间所得财产归夫妻共同共有，注册资本也来源于夫妻共同财产，公司的利润也完全归夫妻双方共同所有，两个股东在经济上是一个实体。所以夫妻店应该被认定为一人有限公司，否则，对于债权人显失公平。但也有观点认为：夫妻店不是一人有限公司，因为没有任何的法律依据，《公司法》或任何法律中都没有规定夫妻两个自然人成立的公司应该被视为一人有限公司。而且，原来不是夫妻的两个人合伙成立了公司，后来又结为夫妇，那么有限责任公司应该从他们两个结婚的那天起就被认定为一人有限公司，这既草率也缺乏可操作性。

虽然以上两种观点互不相让，但是我们至少可以看到一种情况，就是夫妻店是存在被认定为一人有限公司的可能性的。所以，为了避免公司可能发生的债务风险影响到企业主个人的家庭生活，建议尽量避免设立仅有夫妻二人作为股东的有限公司。

2. 善用有限合伙企业作为持股平台

笔者接触过的很多创业者都雄心壮志，将来想要把公司做大，争取上市，不停与合作伙伴争股权，争业绩。但是却从未想过后门起火时，应该怎么处理。一如土豆网的上市进程就是被创始人的离婚纠纷耽搁了。所以保持股权稳定是很重要的。企业家可以使用有限合作企业来层层搭建如图 8-4 所示的公司的股权架构体系，通过间接持股的方式，来保持公司股权的稳定性。一旦创始人产生离婚纠纷，仅在有限合伙企业的范围内产生股权变动，不会影响到作为运营实体的有限责任公司。

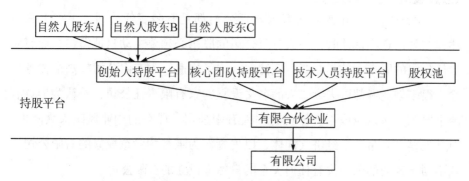

**图8-4  公司的股权架构体系**

### 3. 签订婚前婚内财产协议

企业家的婚姻问题，越来越受到投资者重视，虽然夫妻感情好坏不属于上市公司必须披露的事项之一，也不属于有限责任公司股东会或董事会监督的范畴。但是无数案例证明企业主的婚姻风险确实会严重影响公司的运营。所以，在有条件的情况下，企业主可以签订婚前或者婚内的财产协议。如果一方持股另一方不持股，则约定该股权及相关的收益属于持股方的个人财产，并运用平衡思维，给予对方一定的利益作为补偿；如果双方都持有公司的股份，最好约定各自所持股份为个人财产。双方还可以设置一方退出条款或者一致行动人协议，以在最大程度上减少离婚夺权发生的可能性。

---

**知识加油站**

#### 什么是"一致行动人"？

《上市公司收购管理办法》第八十三条　本办法所称一致行动，是指投资者通过协议、其他安排，与其他投资者共同扩大其所能够支配的一个上市公司股份表决权数量的行为或者事实。一致行动人应当合并计算其所持有的股份。投资者计算其所持有的股份，应当包括登记在其名下的股份，也包括登记在其一致行动人名下的股份。

### 4. 慈善基金会持股

由慈善基金会持股公司，再通过权利架构的设计使得创始人实际控制基金会，以保留住"革命的火种"。

> **📀 典型案例**
>
> 当年，曾经叱咤国内影视界的小马奔腾与风险投资人建银文化签了一份对赌协议。约定如果小马奔腾未能在 2013 年 12 月 31 日之前上市，则小马奔腾实际控制人或李萍、李莉、李明中的任何一方需要一次性收购建银文化所持有的小马奔腾的股权。但是，小马奔腾未能如期上市，李明在 2014 年 1 月 2 日，突然心脏骤停，撒手人寰。后建银文化先后提起仲裁和诉讼，经法院审理认定股权回购债务属于夫妻双方共同债务，李明的遗孀金燕应该在裁决书确定的 2 亿元范围内承担连带责任。
>
> 我们换个思路，假设如果李明能够在生前转让部分股权设立一个慈善基金会，以基金会的名义持股小马奔腾，然后在基金会内部由李明和金燕担任理事，实际控制基金会的运营。因为慈善基金会是独立的法人实体，他不属于任何自然人。如此一来，即便后续建银文化起诉李明或金燕，金燕也可以通过控制基金会而东山再起，不至于被赶出公司，还要承担上亿元的债务，却没有安身立命之处。所以，我们一直说慈善是一门"放弃的艺术"，这其中的道理可能就在于此。

## 第五节 │ 实战分析

**规划关键词：定制个性化投资方案、可持续和影响力投资（SII）**

**家庭情况：**

- 许先生，著名艺人，但身体每况愈下。
- 妻子许太，与许总育有两名子女，均已成年。
- 大儿子许一已经结婚，小女儿刚刚步入职场。

**客户情况：**

- 许先生一直是家庭的经济顶梁柱，两名子女并无太多建树。
- 许先生不擅投资，聘请了两名投资领域的专业人士统一打理家庭财富。
- 鉴于许先生在影视业的地位，经常会有很多影视方面相关的投资机会主动找上门来。但是，大多数项目都不值得投资。不过对于许先生来说，对这些纷繁复杂的项目进行分析评估是一项非常艰巨的挑战。许先生不擅此道，由两名投资领域的专业人士统一打理家庭财富并进行项目评估。但是，因为每个家族成员的投资组合目标不同，所以项目评估过程变得非常艰难。
- 许先生希望能够找到更加专业和复合型的第三方机构，帮助家族寻找和评估好的投资项目，以便能够获得有前景的投资机会。毕竟许先生身体孱弱，如果遭遇不测，家人只能坐吃山空，没有其他更好的财富来源。
- 除了影视行业项目以外，许先生希望能够定制包括其他一些投资产品的投资组合，以满足不同家族成员定制化的需求。

- 家族目前为许先生夫妇，两个孩子，慈善基金会共打造了四个投资组合。但是因为各个投资组合针对的对象不同，每个人均有各自不同的投资偏好，特别是与可持续和影响力投资（SII）相关的投资偏好。

- 许先生的大儿子许一和妻子对于 SII 投资非常感兴趣。

- 在许一的带领下，许家的其他家庭成员也开始参与和家族办公室的沟通。因为其他成员也意识到了每个家庭成员都有不同的需求。这正让他们的投资顾问越来越难以应对，提供的建议也没法覆盖所有人的要求。

### 知识加油站

#### 什么是可持续和影响力投资？

可持续和影响力投资（Sustainable and Impact Investing，"SII"）是基于环境、社会、治理等因素以及传统财务指标做出投资决策的实践，在中国也称为"公益创投"或"社会投资"。它旨在产生长期的财务回报，同时为环境和社会做出积极的贡献。是一种"义""利"兼顾的投资方式。

通常来说，环境、社会和治理投资（environmental, social, and governance investing），和社会责任投资（socially responsibleinvesting），以及影响力投资（impact investing）这三者虽然有些差异，但是都可以指 SII 投资。

SII 投资在全球已经不是新鲜词汇。越来越多的投资者也希望他们的钱用于资助那些致力于更美好世界的公司。根据美国可持续和负责任投资论坛 2020 年的一项调查，SII 投资吸引了美国三分之一以上的专业管理资产公司，管理的资产超过 17 万亿美元。但是在中国，它仍是一个新的投资方式。

**规划要点：**

- 家族办公室全球投资研究团队的尽职调查能力和质量给许总家族留下了非常深刻的好印象。许先生家族成员与家族办公室的投资部负责人进行了多次沟通，家族办公室的团队也与每个家族成员又进行了多次沟通，了解了每个家庭成员的目标和投资偏好。家族办公室对家族进行了全面的审查，以便投资团队能够全面和快速地了解关键问题，这些问题将为投资策略的制定和以后的实施提供非常重要的信息支持。

- 家族办公室在对包括家庭金融生态系统、长期目标和意图、支出需求和现金流模式、回报目标、风险和波动性指南以及税务和法律考虑因素等进行审查后，制定了包括 SII 在内的投资组合。

- 对于将纳入 SII 的投资组合，家族办公室还额外询问了每个投资组合所有者选择该组合的原因、内容和方式、优先事项和原则。例如，对于许一和许一太来说，家族办公室需要了解他们设立 SII 投资组合的动机，许一和许一太表达了他们对于可能会对世界产生危害的项目拒投的原则，概述了他们对制药、动物试验和可持续发展等领域的具体看法，并设定了一个回报期望值。家族办公室在充分考虑这些意见的基础上，制定了针对这对夫妇的投资策略，并随后确定具体的投资项目。

- 家族办公室的投资团队在经过前期尽职调查之后，决定许一夫妇的投资组合以及慈善基金会的投资组合将整合起来作为一个完整的 SII 投资组合进行管理。

- 许先生夫妇的投资组合将"伺机而动"。如果某一个 SII 投资组合正处于风口期，则迅速进行投资，其他日常情况下将进行混合投资组合。

- 由于小女儿对 SII 并不感兴趣，所以小女儿的投资组合中并不包括任何 SII 项目。

与家族办公室投资顾问的交谈使许先生一家意识到，在家族办公室的帮助下，家庭成员的个人偏好可以纳入各自的投资组合中，并且他们能够获得经过详细调查的高质量投资机会。许先生以及家人觉得他们对自己的投资组合策略有更多的控制和影响力，他们也比以往更加积极地参与投资，并知道了如何为个人投资组合做出决策。所有家族成员都可以从家族办公室全球平台的投资资源中受益。通过这个过程，父母看到了孩子们在投资领域的优秀表现，从而对他们未来管理家庭财富的能力也有了足够的信任。

# 第九章　家族办公室助力税务合规

　　本章简要介绍各国不同课税原则、税务居民定义、税制差异，以及金融账户涉税信息自动交换标准对海外资产配置的影响。如此，家族办公室方能在涉及涉税事项，或进行跨境资产配置时避免家族承担额外的税负。因为各个国家的税制体系不同且非常复杂，故本章仅就几个主要国家的税制体系做简单的归纳和介绍，以期让读者有全球视野上的整体概念。

# 34 432 000 美元的遗产税

张先生，已近花甲之年，其名下可投资资产近 1 亿美元，多年前已和家人一起移民美国。按照现行美国税法，如张先生离世，他名下资产如陆续遗赠给儿子（2023 年遗赠免税额 17 000.00 美元），未来 30 年共计可赠与 51 万美元，与张先生 1 亿身家相去甚远。如果某年赠与金额大于免税额度，则需占用终身免税额（2023 年为 1 292 万美元，如拜登不继续特朗普时期政策，预计 2026 年免税额将降为 600 万美元）；如财产直接由儿子继承，则超过终身免税额的部分将需要缴纳高达 40% 的遗产税，由于遗产税和赠与税的终身免税额共同计算，若张先生在世时赠与已占用一定额度，则遗产税免税额就会相应减少。100 000 000-12 920 000 = 87 080 000，超出 100 万美元的部分为 86 080 000 美元，遗产税至少为 86 080 000×40% = 34 432 000 美元，即继承遗产后，张先生儿子只能拿到 51 648 000 美元，只占总遗产的一半多。如其儿子再传承给其孙子，家族财富经历两代传承将所剩无几。如直接将财产传承给孙辈（避免儿子向孙辈传承时再次缴纳遗产税），除征收遗产税，还会征收高达 40% 的跨代传承税（与先传儿子再传孙子结果相同）。如放弃美国国籍，需要缴纳弃籍税。

如果张先生当初聘请了家族办公室的税务顾问进行全球税务统筹规划，则情况就会完全不同。如在移民前，作为家庭主要收入来源的张先生，税务顾问会将主申请人设定为名下资产较少的配偶或子女，张先生可暂时保留中国国籍身份，最后移民。让妻儿先移民，可以避免让张先生成为美国税务居民。这样，张先生可以在中国，以非美国税务居民身份向妻儿（美国居民）进行赠与，不需要缴纳美国的赠与税。如此规划的另外一个优点就是，如国内资产增值，也不需要向美国缴纳资本利得税。税务顾问也可以帮助张先生将其中国境内资产设立酌情信托或外国委托人信托（Foreign grantor trust，FGT），设定妻儿及孙辈为受益人。或将张先生的财产变为黄金，避免缴纳美国高昂的遗产税。

## 第一节 | 一个世界——全球税务透明化

家族办公室服务的客户有着敏感的商业嗅觉，创业对他们来说并非难事，但是对于身份安排、跨境资产配置中涉及的税收规划问题，他们却完全是个门外汉。这一方面是源于了解不深而造成的重视程度不够，另一方面也是因为家族办公室所涉及的家族财产可能遍布全球各地，而各个国家和地区的税务体系自成一派，并且大多极为复杂。特别是涉及多国身份和海外资产配置的情况，会让征税问题难上加难。而家族办公室作为管理家族资产的首席顾问，必须要具备能为客户提供税务咨询和规划的能力。

随着经济全球化进程的不断加快，纳税人将收益隐匿在境外金融账户以逃避居民国纳税义务的现象日趋严重。受美国 FATCA（Foreign Account Tax Compliance Act，外国账户税收遵从法，俗称"肥猫法案"）启发，并受二十国集团（G20）委托，经济合作与发展组织（OECD）于 2014 年 7 月发布了金融账户涉税信息自动交换标准（以下简称"自动交换标准"）（Standard for Automatic Exchange of Financial Information in Tax Matters，AEOI 标准），包括《主管当局协议》（Competent Authority Agreement），CAA 范本及《共同申报准则》（Common Reporting Standards，CRS），并获得当年 G20 布里斯班峰会的核准，成为各国加强国际税收合作、打击跨境逃避税的有力工具。

根据"标准"开展金融账户涉税信息自动交换，首先由一国（地区）金融机构通过尽职调查程序识别另一国（地区）税收居民个人和企业在该机构开立的账户，按年向金融机构所在国（地区）主管部门报送账户持有人名称、纳税人识别号、地址、账号、余额、利息、股息以及出售金融资产的收入等信息，再由该国（地区）税务主管当局与账户持有人的居民国税务主管当局开展信息交换，最终为各国（地区）进行跨境税源监管提供信息支持。目前大家熟悉的移民热门国家或地区，如新加坡、加拿大、英国、法国、德国、西班牙、格林纳达、马耳他、葡萄牙、希腊、塞浦路斯、开曼群岛、澳大利亚、新西兰等基本都在共同申报准则的国家和地区内。

截至 2023 年 4 月，全球已有 119 个国家（地区）签署并实施自动交换标准的多边主管当局协议。其中，我国的交换伙伴有 106 个①。自动交换标准签署和美国推出的肥猫法案，标志着全球税务透明化已是大势所趋。过去常见的利用国家间信息不对称等的很多税收筹划手段可能将不再奏效。在国际税收透明化的大趋势下，了解不同国家和地区的税收规定，判断自己的税收居民身份在哪国，并有意识地进行国际税收优化，就显得尤为迫切。但是，自动交换协议签署并非洪水猛兽，反倒可能成为一个契机。这将有助于高净值人士重新审视过去的投资状态，在合法合规的前提下，获得资产配置、税务规划、身份调整的最优安排。

---

① http://www.chinatax.gov.cn/aeoi_index.html.

## 第二节 | 两个问题——谁缴税，付给谁？

课税原则和税务居民是非常重要的概念，这两个概念从大方向上决定了家族办公室管理或投资资产税负的多寡。在家族办公室为家族成员进行海外资产配置规划时，课税原则和税务居民都是非常重要的考虑因素。

**课税原则**

全球不同国家和地区采用的课税原则有属地征税原则、属人征税原则、属地兼属人征税原则三种，其中属地兼属人征税原则是最严厉的课税原则。中国香港地区、新加坡采用属地征收原则；中国内地、美国、加拿大采用属地兼属人征收原则，其中，属美国最为严厉。

（1）属地征税原则，是指一个国家以地域的概念作为其行使征税权所遵循的原则。以纳税人（自然人或法人）的收入来源地或经济活动地为标准来确立国家行使税收管辖权的范围。根据这一原则，一国政府行使的征税权利，受该国领土范围（含领陆、领水及领空等）制约。一国或一国地区政府只对纳税人来源于本土疆域内的收入规定征税。对纳税人来自国外的收入，则不予以征税。纳税人含本国（本土）及他国自然人与法人。按属地原则确立的税收管辖权称为地域管辖权。

（2）属人征税原则，是指一国政府以人的概念作为其行使征税权力所遵循的原则。以纳税人（自然人或法人）的国籍、住所或居所为标准，来确定国家行使税收管辖权的范围。以纳税人的国籍（即公民身份）为标准，不论其是否在本国居住，也不论其收入来自哪里，由此确立的税收管辖权为公民管辖权；以纳税人的住所或居所（即居民身份）为标准，不管纳税人是否拥有本国国籍，只要是本国居民，不论其收入来自哪里，由此确立的税收管辖权，被称为居民管辖权。

（3）属地兼属人征税原则，即将属地原则与属人原则相结合。

## 公民和税务居民

一个公民的国籍可能隶属多个不同国家；移民法上的居民和税务法上的税务居民有完全不同的定义。

1. 公民

公民是指具有一国国籍，并依据该国法律规定享有权利和承担义务的人。如上文所述，取得国籍有出生、入籍、结婚、收养等多种方式。国际上对出生取得国籍有属地原则（出生地制度）和属人原则（血统制）两种制度，中国采用属人为主，属地为辅制度；美国采用属地和属人两种原则；欧洲一些主流国家采用有条件承认属地原则。可以看到，由于出生时各国对国籍的规定不同，往往会在特殊情况下出现双重国籍乃至无国籍现象。无国籍人士可以通过申请入籍取得某一国国籍。

婚姻制度的差异也会造成国籍复杂化问题，比如有些国家法律规定本国男性与外国女性结婚，外国女性会自动获得本国国籍，而外国女性所属国又不要求放弃本国国籍，则该外国女性将同时具有双重国籍。此外，通过移民更换国籍时因国家间信息交换不对等也会造成事实上的双重国籍现象。中国不承认双重国籍；美国和加拿大承认双重国籍。

对于具有双重或者多重国籍身份的公民，从税收角度，是否多重纳税需要看公民所属国家实行什么样的管辖权，比如是地域管辖权、公民管辖权，还是居民管辖权，以及国家间有没有签订避免重复征税的税收协定。比如在加拿大有很多人具有美国国籍，拥有美国公民身份，意味着这些加拿大人必须每年填报美国税表。

2. 税务居民

在实行居民管辖权的国家，如果满足住所标准、居所标准、停留时间标准这三个判定自然人居民身份的标准，就要向居住国政府负无限纳税义务，其在全世界范围内取得的所得都要向居住国政府纳税，这样的居民被称为税收居民。

（1）在中国，对居民纳税人和非居民纳税人采用各国常用的住所和居住时间两个判定标准来进行划分。我国所说的居民纳税人是在中国境内有住所，或者无住所而一个纳税年度内在中国境内居住累计满一百八十三天的个人。这里所说的住所是税法的特定概念，根据《中华人民共和国个人所得税法实施条例》第二条规定，个人所得税法所称在中国境内有住所，是指因户籍、家庭、经济利益关系而在中国境内习惯性居住。

对于境外个人仅因学习、工作、探亲、旅游等原因而在中国境内居住，待上述原因消除后该境外个人仍然回到境外居住的，其习惯性居住地不在境内，即使该境外个人在境内购买住房，也不会被认定为境内有住所的个人。居住时间标准依据《中华人民共和国个人所得税法》第一条规定，无住所而一个纳税年度内（自公历一月一日起至十二月三十一日止）在中国境内居住累计满一百八十三天为居民纳税人，在中国境内居住累计不满一百八十三天的个人为非居民纳税人。

（2）在美国，美国税法规定所有公民、居民（符合绿卡测试或实际居住测试判定标准，含绿卡持有者）及非居民都在征税范围内，都是美国的税务居民。在美居留外国人如实际居住测试标准同时满足 31 天测试和 183 天测试，即为居民；不满足即为非居民。其中 31 天测试规定需在报税年度在美国居住满 31 天；183 天测试规定报税年度及之前两年居住天数按下述公式计算达到 183 天：报税年度居住天数×100%＋上一报税年度居住天数×1/3＋前第二个报税年度居住天数×1/6。

对于在美国居留少于 183 天的外国人、持 F1/F2 身份的学生（前 5 年）、持 J1/J2 身份的访问学者（前 2 年）都属于美国的非居民。对于家眷在美国或洽谈生意需要中美两地来回奔波的人，一定要密切留意在美停留天数，否则一不小心就会被美国税法认定为美国税务居民，这将会比较麻烦。

　　在全球化发展趋势下，很多商业人士，尤其是高净值人士，他们可能常年因为跨国贸易等原因，穿梭于世界不同国家与地区之间。也正因如此，他们可能在同一时间段，同时符合多个国家或地区的税收居民身份认定的条件。而一旦同时被两国或多国判定为税收居民，将有可能面临重复征税的风险。因此，在居留境外的时候，一定要关注该国税法对停留时间的规定，很多国家和地区在其主权范围内都特别青睐诸如 183 天这一特殊时长停留时间作为判断是否是税收居民身份的重要标准，合理安排入境时间和离境时间就显得尤为重要。

## 第三节 | 三国税制——中国、美国、加拿大

### 典型案例

案件背景:

A公司是一家注册在江苏省的大型制造企业。2007年3月，江苏A公司100%控股股东张先生将其持有的49%的股权转让给注册在开曼的离岸公司K公司，8个月后，开曼K公司将其持有的江苏A公司49%的股权全部转让给了一家香港K公司，而该香港K公司是开曼公司的全资子公司，后香港K公司更名为香港A公司。开曼K公司将其持有的香港A公司100%的股权转让给了香港S公司，该香港S公司是美国S公司的全资子公司。股权转让各方关系如图9-1。

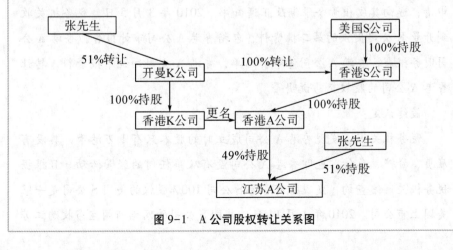

图9-1 A公司股权转让关系图

发现线索：

2009 年，因外方收购者来江苏 A 公司考察，税务机关间接获得了江苏 A 公司的外方股权可能已经转让的线索。根据相关文件规定，该笔间接转让应向税务机关纳税。而因香港地区对其居民的境外所得不征税，故开曼 K 公司应向税务机关提供相关转让文件。

几轮较量：

2010 年初，税务机关先与江苏 A 公司的财务和高管联系，了解江苏 A 公司股权转让的概况，但江苏 A 公司并未积极配合。2010 年 2 月初，税务机关要求开曼 K 公司提供转让相关资料。开曼 K 公司认为该笔股权转让所得在中国没有纳税义务。

2010 年 2 月，税务机关向香港 S 公司发出《税务事项通知书》，要求其提供相关资料，并向开曼 K 公司发出《税务事项通知书》，要求其履行税款扣缴义务。

香港 S 公司回复交易于 2010 年 1 月 14 日完成；若涉及纳税义务，根据其与开曼 K 公司的协议，应由开曼 K 公司履行。开曼 K 公司迫于香港 S 公司方面的压力，向税务机关提供了第一批资料，包括多份股权转让协议，商务部门对于股权转让的批复，以及香港的批准证书和企业法人营业执照等。

税务机关认为开曼 K 公司提供的资料不完整，且未办理延期提供的申请，遂向其发出责令限期改正通知书。2010 年 3 月 5 日，税务机关收到开曼 K 公司提供的第二批资料，包括香港 A 公司审计报告，香港 A 公司财务报表，香港 A 公司董事会名单，香港 A 公司纳税申报资料，转让香港 A 公司的股权交易说明等。

最终认定：

税务机关审查发现香港 A 公司成立时的股本只有 1 万港币，其没有雇员、资产、负债，也即香港 A 公司没有从事任何的经营活动。且根据税务机关网络查询，发现持有香港 S 公司 100% 股权的美国 S 公司是一家美国上市公司。2010 年 1 月 14 日，美国 S 公司的网站新闻宣布收购江苏

A 公司 49% 股份交易已经完成，新闻中未却丝毫未提及香港 A 公司。

综合上述多方材料和信息，税务部门认定香港 A 公司为无实质经营活动的空壳公司，开曼 K 公司转让香港 A 公司股权的目的就是转让江苏 A 公司的股权，该间接转让行为规避了我国企业所得税缴纳义务，应该对该笔股权转让所得征收非居民企业所得税。

税款追缴：

经过税务机关与开曼 K 公司多轮沟通、谈判，开曼 K 公司最终接受税务机关的判定结果，并于 2010 年 5 月 18 日申报入库非居民企业所得税 1.73 亿元。

税务合规问题是每个企业和个人都非常关注的热点话题。网络时代信息获取的难度大大降低，而这也意味着税收合规问题必须列上我们的日程，给予重点关注。为了确保税务合规，就需要先从了解各国的税收制度入手。本节我们介绍中国、美国和加拿大这三个国家的税收制度。之所以选择这三个国家的税收制度进行介绍，一是因为这三个国家的税制各不相同，差别很大，非常有代表性；二是因为这三个国家的税收几乎是每个家族办公室都需要解决的问题，我们必须做好充足的知识储备。

## 中国税制

1. 税收种类

中国税制①就实体法而言，目前征税对象可以分为以下五类共 18 个税种：

（1）商品（货物）和劳务税类，主要包括增值税②、消费税、关税，主要在流通和服务业中发挥调节作用。其中消费税的税基是增值税。可以这么说：征收增值税的项目，不一定征收消费税；但征收消费税的项目，就一定

---

① 此处所述中国税制，为中国内地税制，未罗列香港、澳门、台湾税制。

② 原劳务类征税对象除加工及修理修配外其余均于 2016 年 5 月全部由营业税改为增值税，至此，中国的税务体系完全打通第二及第三产业产业链抵扣链条。

要征收增值税。

（2）所得税类，包括个人所得税、企业所得税。

（3）财产和行为税类，包括房产税、车船税、印花税、契税，主要对财产和行为进行调节。

（4）资源税类，包括资源税、土地增值税、城镇土地使用税。

（5）特定目的税类，包括车辆购置税、城市维护建设税、耕地占用税、船舶吨税、环境保护税。

其中关税和船舶吨税及进口环节的增值税由海关负责征收管理，其他税种由税务机关负责征收管理。与 2016 年前的税制相比，具体来说，就是国家 2016 年 5 月将由原属于地税部门征收的原劳务类营业税全部改为增值税（如图 9-2 所示）。至此，中国的税务体系全面打通第二产业、第三产业抵扣链条，有力地促进了金税系统的发展。

2. 计税基础及税率

中国的税制是家族办公室必须了解的内容，虽然我们做不到像税务专家一样对中国的税制如数家珍，但至少要做到客户在说税务问题的时候能听懂，并对何时及如何请求第三方专业税务支持给出准确的判断。下面将简略介绍一下这 18 个税种的计税基础及税率。

（1）增值税、消费税和关税，这三个税都是流转税。其中，增值税在商品流转环节征收；消费税只针对特定商品，在特定环节征税，除金银首饰、超豪华小汽车等极少数商品在零售环节征税外，其余一般都是在生产环节征税；关税由海关代征，在商品货物出入境时才会涉及。

增值税从我国目前 18 个税种的税收比例来看，所占收入最高，目前主要有 6%、9% 和 13% 三档税率。主要是对货物、劳务或服务的增值额进行征税，通过抵扣进销链条来避免重复征税。对于绝大多数货物、劳务销售，一般都按 13% 税率计税征收。6% 税率适用于绝大多数服务及商标、技术等无形资产销售。对于涉农产品、文化用品、交通运输服务、邮政服务、电信服务、建筑服务、居民生活相关用品等领域，则按 9% 税率进行征收。

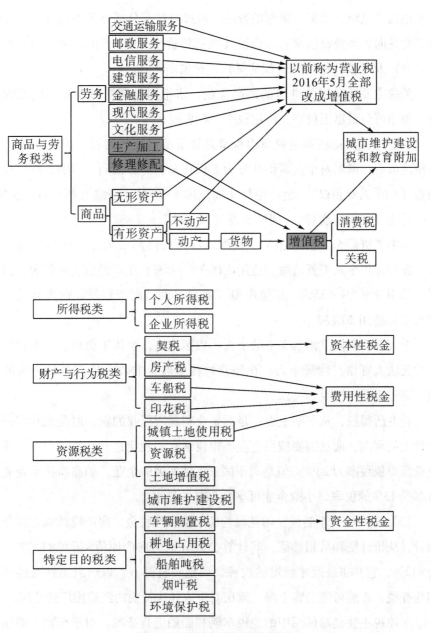

图 9-2　2016 年税制改革简图

消费税的征税对象主要包括高端消费品和国家希望限制消费的商品，如贵重首饰、珠宝玉石、高档手表、高尔夫球及球具、游艇、超豪华汽车及对身体或环境有害的烟、酒、鞭炮焰火、成品油、小汽车、木质一次性筷子、实木地板、电池、涂料等限制消费品。通过对这部分商品单独收税，可以调节消费导向。消费税税率有从价税（按销售价格征收）、从量税（按销售数量征收）及复核计税（从价加从量）三种税率。

关税主要针对报关进口的商品征税，依不同时期针对商品不同来源国家，税率可分最惠国税率、协定税率、特惠税率等。

（2）个人所得税和企业所得税都是针对所得征收的税。2019年个人所得税改革后，国家对个人所得共分为工资薪金、劳务报酬、稿酬、特许权使用费（如个人专利权）、生产经营（如个体工商户）、股息红利、财产租赁、财产转让（如卖车卖房）、偶然所得（如中彩票）9类。

其中工资薪金、劳务报酬、稿酬、特许权使用费为综合所得，按年纳税，需要每年个人汇算清缴，适用税率3%~45%；生产经营类所得为经营所得，适用税率5%~35%；其他所得（股息红利、财产租赁、财产转让、偶然所得）适用20%税率。

个人并非我们字面意义上的个人。依照税法，个体工商户、个人独资企业均无法人资格，均属个人，在经营过程中取得的收入均应缴纳个人所得税，而非企业所得税。

企业所得税，从名字上看，是对企业利润所征收的税，但是此利润并非会计上的利润，而是需要按照企业所得税法有关规定进行计算。目前，我国企业所得税税率为25%，但是对于国家支持发展的企业，如高新技术企业则可享受15%的税率，小微企业可享受20%的税率。

（3）房产税、车船税、印花税均属于费用性税金。房产税计税方式分为两种：从价计征和从租计征，其计算公式分别为房产原值×折扣×1.2%、租金×12%，它并非最近才新增的税种，而是一直都有。以前只是针对经营性用房征税，今后可能会将上海、重庆对个人住房征税的经验推广到全国。

车船税主要是对使用中的应税车辆和船舶进行征税，对于车辆、船舶则分别由保险公司及海事部门进行代收。

印花税则针对行为征税，如签订合同、领受权证，一般主要对应税合同（如购销合同、借款合同）、资金账簿、权证证照（如房产证、商标证）这三类进行征税，对前两类，税率为0.05‰~1‰，对权证证照类，税率为

5元/件。

（4）契税和车辆购置税均属于资本性税金，都需要买方承担。其中契税是对买方取得房屋、土地所征的税，通常在过户环节完成。税率依地区不同而有差别，一般为3%～5%，对个人购房则为1%、2%等优惠税率。车辆购置税是在买方购买新车环节一次性征收的税，二手车不适用。对新能源汽车目前实行免车辆购置税政策。

（5）土地增值税、城镇土地使用税、资源税都属于资源类税收。主要是对开发和利用自然资源差异而形成的级差收入进行调节。

土地增值税是对土地流转过程中产生的增值进行征税。之所以将它单独列出，是因为它并不属于商品与劳务类征税对象。土地增值税是我国税法中唯一使用超率累进税率的税种①，其税率为30%～60%，增值率越高，则税率越高。计算公式较为复杂，一般需要计算增值额、增值率，然后确定税率，最后通过增值额×税率-扣除额×速算系数计算应交税额。个人出售房屋免土地增值税。

城镇土地使用税顾名思义，是对使用城市、县城、建制镇、工矿区的土地征税，只要还在使用，就需按月计算税款，按年交税。其计算公式为面积×税率。与房产税经常并列提起，很多地区对房产税和城镇土地使用税都是统一实行税收优惠政策。对于个人住房用地，不用缴纳城镇土地使用税。

资源税是对在我国境内开采的5类稀缺资源征税，这五类资源分别为：能源矿产（原油、天然气、煤等）、金属矿产（如金银铜铁等）、非金属矿产（砂石、花岗岩等）、水气矿产（矿泉水、硫化氢气）、海盐（钠盐、钾盐等）。对进口这些资源的行为不征税。通常由开采企业纳税，在开采或生产环节征收。税率有从价、从量两种计算方式，其中从价税率1%～20%，从量税率0.1～30元/吨，资源越是稀缺，税率越高。因此，资源税的开设是为了使自然资源条件优越地区产生的部分收入收归国家所有。

（6）城市维护建设税、耕地占用税、环境保护税、船舶吨税、烟叶税。城市维护建设税是以缴纳的增值税、消费税为计税基础征收，故而又被称为

---

① 个人所得税实行超额累进税率。

税上税。按地区不同，税率也不相同，一般市区 7%，县、镇 5%，其他地区 1%。城市维护建设税征税政策对涉及进出口的企业可用 8 个字形容，即进口不征、出口不退。

耕地占用税是对占用耕地从事非农业生产的行为进行征税，对占用环节进行征收。对于占用耕地从事农田水利设施建设的，则不予征税。其税率依地区而有所不同，为 5~50 元/m²。

环境保护税，是对污染环境的行为及其产物征税。如果排放物经无害化处理排放，或向污染物集中处理场所排放，因未对环境直接造成负担，则都不需征税。可以这么说，环境保护税，只对直接排放应税污染物征税。其计税基础是污染当量，在计税前，须将排放污染量换算为污染当量。税率废水废气为 1.2~14 元/污染当量，废渣 5~1 000 元/吨，噪声 350~11 200/月。

船舶吨税是对从境外进入我国港口的船舶按净吨位征税，税率分优惠税率和普通税率，一般 1.5~31.8 元/吨。

烟叶税是对收购烟叶的单位征税，税率为 20%。尽管烟叶税在我国税收比重很低，但它在一定程度上可以限制和管制烟叶市场，调节价格，防止过度收益。其纳税金额计算应将收购价与价外补贴包括进去，简化计征公式为：收购价×(1%-10%)×20%。

为解决税收监控、减轻征纳成本等多方面难题，自增值税引入中国税制以来，中国政府即开始着手规划金税工程。数字化的时代需要数字化的工具，唯有数字化的工具方能全面提升工作效率，降低各方面成本。自 1994 年开始，金税工程已历经一期、二期、三期工程方面的建设，目前，金税四期已全线运行。从税种角度，目前金税四期已不再局限于增值税，而是已经实现对全税种的业务覆盖，成长为集采所有税收数据于一体的综合性税收系统。并且，金税四期，在金税三期基础上进一步增加了非税及其他监管部门的信息，使得税务监管更加智能，税收征管更加现代化。中国目前已从以票治税时代全面进入以数治税时代，通过与金融、海关、市场监管、公安、支付平台等其他涉税方数据共建、数据共享、数据协同、数据治理，实现税收管理方式集约化、精细化。

## 美国税制

> ### 典型案例
>
> George 和妻子 Jane 在 20 年前就获得了绿卡,具有美国永久居留权,并且还是中国公民。这么多年以来,George 一直在美国、韩国和其他国家轮流生活一段时间,而妻子 Jane 则经常居住在韩国。George 在全球各地开立了很多的账户,将钱分散在不同的账户中,每个账户中的资产均超过 1 万美元。这些钱包括投资账户、银行账户、共同基金和保险单。
>
> 虽然 George 的主要住所在美国,但当他开设外国银行账户时,使用的却是他在韩国的地址。此外,由于他是韩国公民,George 在这些国家开立账户时没有透露他是美国税务居民。
>
> 一天,George 的妻子 Jane 通知 George,她收到了一封外国金融机构寄来的 FATCA 信函。这封信中要求 George 和他的妻子确认他们的是否具有美国居留身份。George 和 Jane 起初非常紧张,但是在浏览了很多网上相关论坛后,他们发现情况可能没有想象中那么紧急,所以他们做出了一个让他们事后非常后悔的决定——没有向金融机构做任何回复。
>
> 然而,他们不知道的是,很多国家的银行都已经向美国国税局提供了 George 和 Jane 在该国开立的银行账户的信息,因为根据美国的 FATCA 法案,这些外国银行必须向美国报告并披露这些信息。与此同时,美国国税局启动了针对 George 和 Jane 经营的咨询业务问题的审计。
>
> 美国国税局以文件请求(IDR)的形式向 George 和 Jane 同时发出通知,要求他们提供各种不同的文件,其中包括他们的注册会计师或其他为他们报税的人的姓名。
>
> 即便如此,George 和 Jane 还是固执地认为他们可以用自己的方式解决这个问题,并且认为他们此刻并没有居住在美国,所以即便处罚,他们也不会受到任何实质性的伤害。但在 George 做了更多研究后,他突然意识到,韩国与美国已经签订了政府间协议,他们在海外的钱可能会被征税或扣押。

在韩国居住期间，George 和 Jane 曾经聘请过能够帮他们处理税务事宜的注册会计师。这名注册会计师明明知道 George 和 Jane 有外国账户，但出于节税的考虑，并没有把这些信息放在纳税申报表上。George 和 Jane 也意识到了这一点，但他们做出了第三个错误的决定，向美国国税局提供了虚假的信息表格。这一决定最后也导致他们丧失了从轻处理的机会。

美国国税局最初对 George 和 Jane 进行为期三年的审计，为此他们可能受到相当于国外账户总价值 100% 的罚款。但是，由于 George 和 Jane 从某些投资中有超过 5,000 美元的外国收入未进行申报，美国国税局决定将他们的审计时间延长到六年。如果美国国税局发现他们有欺诈行为，则没有时效的限制——美国国税局可以对 George 和 Jane 以往任何时间的财产进行审计。

这一切的后果是：第一，如果 George 和 Jane 不支付罚款，继续滞留在韩国，不返回美国，那么他们将很难再去其他国家，因为任何一个与美国合作的外国均可能扣留 George 和 Jane 的美国护照。而一旦他们的美国护照被扣留，则他们不得不再次面对美国政府。第二，如果 George 和 Jane 的行为被认定为税务欺诈和逃税，则美国政府还可以拒绝续签绿卡或拒绝他们入籍。第三，由于 George 和 Jane 在审计时被查出有总计超过 3 万美元的外国账户未进行申报，且每年有近 100 万美元的外国收入未进行申报，George 和 Jane 将面临美国国税局的进一步调查。

美国的税制复杂而严格，很多税务机构听到是美国的税务案件，都避之不及，其原因就是美国的税务制度非常完善，处罚措施也非常严厉，回旋余地非常小。但是移民美国，或者至少获得一张绿卡，却是很多国家高净值人士的选择。但笔者建议，在做出此类决定之前，一定要提前熟悉美国的税制，或者至少有一个大概的印象，然后再决定是否要迈出这事关命运的重要一步。

美国实行彻底的分税制，由联邦、州和地方分别立法和征管，属联邦、州与地方分权型国家。税收管理机构为美国国税局（Internal Revenue Service，IRS）、海关、州与地方税务机构，其中 IRS 负责联邦税征收，海关负责关税征收，州与地方税务机构负责州与地方税征收。联邦以征收所得税为主，州以征收销售与使用税为主，地方以征收财产税为主。联邦与州均有独立税收立法权，地方无税收立法权①。

美国税制是以所得税为主体的复税制，其主要税种包括个人所得税、公司所得税、社会保险税、财产税、遗产与赠与税、销售与使用税、关税、消费税、印花税、特许权税、资本税等税种。在联邦收入体系，所得税占据主要地位，如美国 2018 财年，尽管特朗普进行大规模减税②，当年所得税在美国联邦收入依旧占 50.58%。

1. 个人所得税

分联邦个人所得税、州个人所得税及地方个人所得税，其中，以联邦个人所得税为主。纳税人的全部所得，减去不予计列所得，再减去税法规定的应在"调整所得前扣减的项目"，而后减去分项扣减款项或标准扣减款项，再减去免税项目即为税法规定的纳税人应纳所得税额；以应纳所得税额乘适用税率，再减去税收抵免税款和已付税款，即为最终纳税款。

征税对象为美国公民（含其他国家拥有双重国籍的人）、美国居民（含绿卡持有者及符合实际居住测试的外国人）、非居民。其中美国居民可以和家人联合申报，以增加免税额度；非居民只能以个人身份申报，不享受被抚养人免税额度。特朗普 2017 年税改将个人所得税 7 档税率，分别由原来的 10%、15%、25%、28%、33%、35%、39.6% 调减为 10%、12%、22%、24%、32%、35%、37%；并将个人及家庭单位的标准扣除额度，分别从此前的 6 500 美元和 13 000 美元提高到 12 000 美元和 24 000 美元。

个人所得税对美国公民及美国居民的全球所得征税，对非居民仅对其美国境内所得征税。缴付方式主要有四种：夫妻联合报税、夫妻分别报税、以

① 税收立法权归州所有。
② 2017 年 12 月通过特朗普大规模税改法案。

家庭户主形式报税、单身个人报税。纳税人的所得包括工资、年薪、小费、利息和股息收入、租金、特许使用费、信托、遗产、年金、赡养费收入、投资收入和商业经营收入等。

2. 公司所得税

与个人所得税类似，也是分联邦、州和地方三级征收，主要对美国公司的全球所得和外国企业来源于美国境内的所得征收的一种税。依照美国税法规定，凡依美国各州法律而成立，并在各州政府注册的公司，不论其设在美国境内或境外，也不论其股权是美国企业或个人，均为税法上的美国公司；凡依外国法律而成立，并在外国政府注册的公司，不论其设在美国境内或境外，即使股权的全部或部分属于美国，都是外国公司。

公司所得主要包括：经营收入、资本利得、股息、租金、特许权使用费、劳务收入和其他收入等。应纳税所得计算为公司总所得减去为取得收入而发生的、税法允许扣除的各种费用和损失后的余额，允许扣除额是由税法规定的、公司在取得总所得过程中发生的必要的营业和非营业支出。

税率自 2017 年特朗普税改后由 15%、25%、34%、35% 的累进税率改为单一税率 21%；对跨国公司汇回美国的国外利润一次性征收税率也降至 15.5%（现金）和 8%（非流动资产），且采用属地税收原则①。公司所得税是美国继个人所得税和社会保险税之后的第三大税收进项。

3. 社会福利保障和老年保健医疗税

又称联邦保险捐助法税或社安税，是美国联邦政府为社会保障制度筹措资金而征的税。该税主要是为退休工人和残疾工人及其抚养人提供福利。社会福利保障和老年保健医疗税由雇主和雇员各承担纳税人薪资的 7.65%，其中社会福利保障税占 6.2%，老年保健医疗税占 1.45%，在发放薪资时由雇主代扣。社保医疗（FICA）税由社会保险税（social security tax）和医疗保健税（medicare tax）组成，按照征收级别来算属于联邦税的一种。这项税收是美国联邦政府作为老年、遗属、伤残、医疗保险的资金来源而征收的一种特殊的税收，包括联邦保险税、铁路公司退职税、联邦失业税、个体业主税

---

① 只需要在利润产生国家缴税，不需要向美国政府缴税

等，以雇主和雇员为纳税人，自体经营人也是征收人。

4. 财产税

不属于联邦税的范畴，是美国州政府和地方政府对在美国境内拥有不动产、动产，特别是房地产等财产的自然人和法人征收的一种税，征收级别属于州税和地方税。它属于美国地方政府最重要的财政来源，占全年美国地方政府税收收入的80%以上，税率在2%到4%之间。由于美国各州对财产税等州税均有独立立法权，因此各州对应纳税财产规定并不相同。比如美国房产税，其税率全美国并不统一，而是由各州自行决定税率高低，如北部各州及西海岸的房产税就较低，而南部各州的房产税普遍较高；同样价位的房产，在同一州不同城市、不同学区，房产税征税方法和税率也可能会大不相同。

5. 遗产税和赠与税

遗产税适用于死亡时财产的转移，其课税对象是遗产，税率依据遗产价值可从18%到48%。遗产总额为美国公民及美国居民所有人死亡的那一刻，其在全世界范围内的有形和无形资产，或美国非居民所有人在死亡的那一刻在美国境内拥有的有形和无形资产。对于遗产税，美国联邦和各州，都是遵照先纳税后分配遗产的原则进行征收。但是，对于美国各州，关于遗产税的规定并不相同。另外，遗产税也不同于继承税[①]，是联邦税和州税。无论身在哪个州，都要缴纳联邦遗产税。有一些州，如华盛顿州、威斯康星州、夏威夷州、伊利诺伊州、马萨诸塞州、纽约州、新泽西州等，除需缴纳联邦遗产税外，还需缴纳州遗产税。

一般而言，遗产税的征收需经精算财产总值，而后扣除当年遗产免税额（随每年通货膨胀调整），对超额部分分段进行征税[②]。遗产免税额在2017年特朗普税改后，已由原先的550万美元翻倍为1 100万美元，2019年为1 140万美元，2020年为1 158万美元，2022年遗产免税额为1 206万美元。配偶扣除额可从遗产总额中扣除；对于非居民外国人，其遗产税免税额要远低于

---

　　[①] 只有爱荷华、肯塔基、马里兰、内布拉斯加、新泽西和宾夕法尼亚州六个州征收，是继承人的责任，只要被继承人（即死亡者）住在这六州中的任一州，继承人另住他州也需纳税。

　　[②] 见 https://zhuanlan.zhihu.com/p/586627665#:~:text=2022-202,%E8%AE%A1%E7%AE%97%E7%BC%B4%E7%BA%B3%E9%81%97%E4%BA%A7%E7%A8%8E%E3%80%82.

美国公民和居民，仅有 60 000 美元，对超出 6 万美元的遗产，征收 26%～40%不等的遗产税。

　　赠与税与遗产税相辅相成，可以防止拥有大型遗产的人在其有生之年将所有资产不计税交给其继承人。美国人（美国公民及美国居民）在全球资产上的赠与都需要交税；美国非居民，其在美国赠与资产和现金都需要交税。2022 年美国税法规定当年赠与 16 000 美元给其他美国人免税（如配偶是非居民，免税额度 16 400 美元），2023 年免税标准调高为 17 000 美元（对非居民身份配偶，免税额度为 17 500 美元），夫妻可以共享额度。需要注意的是，向可撤销信托提供的赠与不需要缴赠与税；此类资产仅受信托财产授予人的遗产税和所得税限制。从美国联邦财年全部税收数据看，联邦遗产税和赠与税所占比例极小，不到 1%，它并不是美国联邦政府管理重要的财政收入来源。

　　6. 消费税

　　销售税是美国州和地方政府对特定商品或服务按其销售价格的一定比例征收的一种税，该税种是在美国 19 世纪营业税的基础上演变而来的。它是一种间接税，由美国 IRS 对生产者或商家征税，而后通过将其包含在产品价格中将其传递给消费者。个人消费者并不需要直接支付税款。如汽油消费税，虽然是向汽油供应商征收，但由于其价格包含在汽油零售价格中，税款实际是由消费者来承担。目前，消费税在美国 45 个州均有设置与征收，与财产税一样，也是各州政府的主要财政收入来源。该税税率从 2.9% 到7.25%不等。

　　7. 关税

　　美国海关分为海关边境保护局和移民海关执法局，分别负责边境执法与案件调查，其中进口关税由海关边境保护局负责征收；进口税计算公式为Duty + MPF + HMF，其中 Duty 数值由货值×商品分类编码规定比例计算得到；MPF 为货值×0.346 4%；HMF 为货值×0.125 0%。

　　8. 资本利得税

　　是对资本利得（如低买高卖所获收益）征税。常见的资本利得包含买卖股票、债券、期货、贵金属、房地产等所获收益。个人与企业都需要为资本利得缴税。对个人而言，短期投资资本利得税率较高；对超过一年投资的长期资本利得税率较低，为 20%。但是美国税法也有豁免资本利得税的一些规定，如出售者出售其主要居所，且此房产为出售者出售前 5 年中 2 年的主要居所，可给予出售者 25 万美元（单身）或 50 万美元（家庭）的资本利得税免除份额；如投资人投资损失超过投资收益，投资人每年可以申报 3 000 美元净投资损失。

## 加拿大税制

加拿大个人所得税税负在世界属于中等水平，不高也不低；公司税负在西方国家最低。与美国一样，加拿大也属于全球征税的国家。但是由于加拿大早已与很多国家签署避免双重征税协定，故而全球征税并不意味着一定会双重征税。目前，加拿大已与美国签署外国财户税收遵从法案（FATCA）框架下的协议，并已与中国签订 CRS 框架下的《金融账户涉税信息自动交换多边主管当局间协议》。

1. 三级征税制

加拿大实行联邦、省和地方三级征税制度，联邦和省均有相对独立的税收立法权（但省税收立法权不能有悖于联邦税收立法权），地方税收立法权受省管辖，属联邦、地方税收分权型国家。现行的主要税种有个人所得税、公司所得税、商品劳务税/省销售税/统一销售税、社会保障税、消费税、关税、倾销税、资源税、土地和财产税、资本税等，其中加拿大税务局（Canada Revenue Agency）对联邦和地方个人所得税进行管理征收；公司所得税除安大略省、阿尔伯塔省、魁北克省由自己征收外，其余省份均由加拿大税务局代征。联邦税收以个人所得税为主，辅之以商品劳务税和社会保障税；省税则以个人所得税和商品劳务税为主，辅之以社会保障税；地方税收来源主要为财产税。

2. 税务居民

对个人而言，需要说明的是，加拿大税务居民的身份并非简单以加拿大公民或枫叶卡身份来判定，而是主要通过属地身份，即是否在加拿大建立居住联系来判定。

税收居民身份主要有以下 5 种：①居民（resident）：含在加拿大有固定居所（无论房子是租来的还是买来的）、或配偶及子女（未满 19 岁的）居住在加拿大、或个人财务及社会关系显示在加拿大建立了居住联系的，如在加拿大有家具、衣物、汽车、银行账户、信用卡、医疗保险卡、驾驶执照、娱乐及宗教会员资格等的个人；②事实居民（factual resident）：即使本人大部分时间或整年都住在他国，未踏进加拿大国门，但在加拿大一直有维系显著的居住联系（如在加拿大有固定居所、配偶、受抚养亲属等）；③视同居民（deemed resident）：在一年中停留在加拿大时间累计达到或超过 183 天；④非税务居民（non-resident）：常住另外一个国家，且未被认定为加拿大居民，在加拿大没有显著的居住联系，全年在加拿大境外居住或一年在加拿大停留不超过 183 天；⑤视同非税务居民（deemed non-resident）：事实居民或视同居民，同时又被另一个与加拿大签订税务协议国家认定居民（如中国，美国，新加坡，韩国，马来西亚），根据加拿大税法，就被认定为视同非居民。

事实居民，须申报全球收入及海外资产；非税务居民，只需要对加拿大的收入申报所得税，不必也无义务申报加拿大境外所得及海外资产。同时，对于主要管理和控制场所在加拿大的企业实体，也被视为税法上的加拿大税收居民。加拿大允许申请由税收居民转为非税收居民。

3. 税收种类

加拿大现行税种主要有所得税（个人或公司）、资本利得税、商品劳务税（Goods and Service Tax, GST）/省销售税（Provincial Sales Taxes, PST）/统一销售税（Harmonized Sales Tax, HST）、社会保障税、消费税、关税、特别倾销税、资源税、土地和财产税、资本税，主要落在四个大类中：个人所得税、公司税、商品及服务税以及消费税。从联邦税的角度看，适用于个人的税种主要包括：联邦所得和资本利得税、商品劳务税（GST/PST/HST）及社会保险税；从地方税的角度，适用于个人的税种主要包括：地方所得和资本利得税及商品和服务税。从税法角度，尽管目前加拿大并未开征遗产税和赠与税，但是在被继承人死亡或某些赠与行为发生时，有可能会被视同取得资本利得。本书重点讲解个人所得、资本利得及遗产税与赠与税。

（1）个人所得税：加拿大个人所得税采用的是综合税制，加拿大个人需根据加拿大联邦政府和省政府每年颁发的税表填写并分别缴纳联邦税和地方税。从应税所得的类型上看，个人取得的所得大体可以分为四种类型：雇佣所得、经营所得、财产所得和资本利得。

加拿大采取以个人为单位而非以家庭为单位进行个人所得税的纳税申报，目的是防止高收入家庭成员通过低收入家庭成员享受较低税率。税率采用超额累进税率，联邦税率共 5 级，分别为 15%、20.5%、26%、29%、33%；省税率从 5.05% 到 25.75% 不等。

纳税年度为日历年，纳税年度终了，纳税人应于次年的 4 月 30 日前完成上一年度纳税申报；对于个人取得自雇所得的，申报截止日期为次年的 6 月 15 日。

个人年收入 2021 年起征点为 13 229 加拿大元，免税存储账户 TFSA 免税储蓄年度限额为 6 000 加拿大元。对于大部分彩票奖金及赠与、遗产，加拿大税法规定不纳入个人所得税征税所得，但是对于不征税所得而取得的收入（如：投资捐赠所得产生的利息）需要缴纳所得税。

计算个人所得税时，纳税人可根据自身的情况适用各类扣除项目、免征项目和税收抵免项目。这些扣除、免征及税收抵免项目主要包括家庭类、教育类、残疾保障类、退休和储蓄计划类、雇佣相关费用类等。

（2）资本利得税：通常来说，投资收益可分成三大类：利息收入、股息收入和资本利得，根据加拿大税法规定，所有常见的资本财产，如有价证券（股票，债券，基金）、不动产（土地、房屋）、个人自用财产（贵金属、珠宝，名画，古币等）所产生的资本利得或亏损都必须向加拿大税务局申报。产生的资本利得只有一半所得需要缴税（即只有资本利得的 50% 需要缴纳，其余 50% 不征税；与别的税种需要 100% 缴税不同）。计征的 50% 收入部分按个人所得税税率征收。

与利息和红利不同：资本利得只有在实现的情况下才交税，如纳税人投资的房产当年价格上涨 10 万，但其并未进行买卖，就不需要缴纳资本利得；如果卖出发现亏损，不能用于抵减其他类型的收入，可以用于抵减过去 3 年的资本利得，或用于抵减未来的资本增值。由于资本利得只以其中的 50% 作为纳税收入，因此，对纳税人而言，决定收益是否属于资本利得非常重要。

不同于美国，目前，加拿大资本利得对长期投资资本利得和短期投资资本利得不做区分，并且，对于个人，出售自己的主要居所所获收益不被征税，但是对于纳税人除家庭主要居所外的第二房产，房产转让时产生的资本利得需要缴税；如未进行买卖，在长期持有情况下，在纳税人去世当年视同出售，也需缴纳资本利得税。

（3）遗产税与赠与税：首先需要说明，加拿大没有遗产税和赠与税。但是这并不意味着加拿大对于财产持有人去世之后遗留的财产不缴纳任何税收。加拿大税法将去世者拥有的遗产分为现金和非现金两部分，对于非现金类遗产，由于该遗产的变现或再售将产生对于继承人（即取得遗产的人）的收入或所得，所以这部分遗产将考虑被继承人（即去世者）生前取得这部分资产的成本或投入，来计算继承人的所得；对于现金类遗产，加拿大税法规定现金资产属于已课征过税的资产，故而无须缴纳任何所得税款，继承人无须承担任何税负。

## 第四节 | 相关建议——税务、企业、房产

　　家族办公室重要的日常工作之一就是交税，交税不可避免，但是交税的标准可以通过资产配置找到最优解。尤其在全球税收越来越透明的时代，合理配置资产类型是财富能否获得保值增值的重要手段。这就是家族办公室重要职能之一的税务筹划。

　　税务筹划不是逃税、避税，而是通过对各国税法深入透彻的研究，在严格确保合规的前提下，充分利用税法中固有的起征点、减免税等一系列优惠政策，通过对筹资、投资和经营等活动的安排，避免家族成员承担一些本来可以不需要缴纳的税负。不同资产类型配置方式很大程度上影响税收筹划方案的难度和收益度。

　　1. 家庭税收筹划

> **🛡 典型案例**
>
> 　　移民美国的李先生打算赠与孙子 4 万美元上学，如直接将 4 万美元赠送给孙子，因受赠人并非其配偶，在受赠当年，其孙子只能享受 1.5 万美元的年度免税额，对超出的 2.5 万美元，须申报为应纳税赠与；但如李先生将其中的 3 万美元直接转让给孙子就读的大学，将剩余 1 万美元直接赠与孙子，由于 1 万美元低于其孙子受赠当年的年度免税额，其孙子无须申报交税。

## 2. 企业税收筹划

在现代经济活动中，企业在出租房屋时往往会同时将房屋内部与外部机器设备、生产线、办公用品等附属设施一同出租给承租方。但是从中国税法角度，这些附属设施并不属于房产税征税范围。如果企业在与承租方签订租赁合同时将这些附属设施与房屋不加区别地写在一份合同中，那么出租附属设施所对应的那一部分租金也要缴纳房产税，这无疑会增加出租房屋的税收负担，如在签订合同时将机器设备与厂房租赁合同分开签订，就可以减少额外的税负。另外，企业在设立之初对企业的架构模式进行规划，在不同的层级成立不同种类的企业类型，都会对企业和个人带来合法减税的效果。

> **案例一**
>
> A 公司将厂房与化工设备出租给 B 公司，只签署一份合同，比如年租金 300 万元（不含税），则 A 公司依据税法需要缴纳房产税 300×12% = 36 万元（机器设备本不该缴纳，却连带缴纳了）；如签署两份合同，房产签订 150 万元，机器租赁 150 万元，则 A 公司仅需承担 150×12% = 18 万元房产税，可减少一半支出。

> **案例二**
>
> 以中国税法为例，如在成立企业时有税务筹划，比如 4 个人成立一家公司，每人占股 25%。2022 年，公司年度利润总额为 300 万元，税后利润全部分配给这四位股东。如采用公司制，需要先征企业所得税，而后自然人股东还需缴纳个人所得税，每位股东得到的实际税后净收入需要从总公司利润扣除企业所得税 300×25% = 75 万，平分后（300−75 = 225 万，225 万÷4 = 562 500 元），再扣去个人所得税，个人所得税为 562 500×30% − 52 920① = 115 830 元，每位股东税后净收入为 562 500−

① 个人所得税计算税率表见 https://www.gov.cn/zhengce/zhengceku/2023−02/07/5740484/files/896cac0dac94492eab68e0 cea1f0675e.pdf.

115 830=446 670 元；如采用合伙制，合伙企业不需要缴纳企业所得税，仅需要缴纳个人所得税，每个股东实际平分的收入为 75 万元，适用税率为 35%，缴纳个人所得税为 75×35% – 85 920 = 176 580，税后净收入为 750 000–176 580=573 420 元。比较可知，采用合伙制，每位合伙人比公司制下净收入要多出 126 750 元。

### 3. 房产转让

我国税法规定：个人通过拍卖市场取得的拍卖所得计征个人所得税时，如纳税人能提供完整、合法、准确的房屋原值凭证，则计税时应按照应纳税所得额（拍卖所得减去拍卖费用及税金再减去房屋原值），使用 20% 税率计算纳税额；但如果不能提供完整、准确的房屋原值凭证，则统一按照转让收入金额的 3% 计算所得税额。具体实例，如拍卖所得 800 万元，拍卖税金及费用 25 万元，拍卖人购置房屋当时价格 150 万元，则两种计算方法纳税额差额为（800–25–150)×20%–800×3%＝101 万元。可以看到，利用家族办公室的税收筹划功能，在涉税行为发生之前做出安排，就有可能找到合理合法的方法，达到减税降负的目的，完成税务筹划。

## 第五节 │ 实战分析

**规划关键词：养老投资组合、婚内财产保全**

**家庭情况：**

- 金总 65 岁，子承父业，经营采矿、种植园等家族企业。
- 金总和青梅竹马的金太结婚，婚后育有一女金一。
- 金一今年 40 岁，已婚，家庭主妇，丈夫金一夫，二人育有一女。

**企业运营情况：**

- 公司的收入起伏很大，客户偏好的不断改变以及产品生命周期都会给销售带来很大的影响。
- 金总想要明年就退休，所以他想要聘请新的首席执行官，现在已经开始面试。
- 金总夫妻二人具有很强的投资理念，自公司盈利开始，两人就会从分红中出资，定投指数基金和部分股票，这种投资已经成为他们的习惯。

**家族情况分析**

- 企业规模大，但是现金流却并不理想。金总夫妻二人现在很担心他们随意选择的投资组合并不合理，将来可能会遭遇较大的投资亏损。
- 考虑到业务的可变性和管理层将在不久后进行过渡，金总担心如果业务进入低谷期，企业的现金流可能有断裂的风险。

● 金总希望明年就和妻子一起退休，享受生活，但是对于应该预留多少养老金以维持其后半生的现金流需求，他们却一点概念都没有。

● 女儿金一知道丈夫金一夫有个感情很好的红颜知己刘女士，目前为止二人并没有做出任何出格的事情，但是金一希望能采取一些预防措施，防范婚姻风险。

● 金一作为全职主妇，平时对男方的收入和家庭的财产并不关心，对家庭共同财产的情况完全不了解。如果双方将来离婚，金一将会非常被动。

● 金一放弃工作，全职在家照顾孩子，在离婚的时候有权请求家务补偿。对于家务补偿的给付标准，目前还没有相应的法律规定，但司法实践中标准可能并不高，各地方法院还会根据当地的生活水平进行相应的调整。总体来说，家务补偿只是法律对家务劳动价值的肯定，但是实际的补偿并不多。

● 离婚案件中，法院无法处理境外的财产，金一作为全职主妇，后续可能没有能力奔赴境外的财产所在地对金一夫提起诉讼。

**投资规划要点：**

● 在家族办公室看来，一个成功的项目应该根据所在国家、战略类型和所处时代而进行多样化的变革。金总夫妇保持多年的一成不变的投资习惯，可能是他们最大的致命伤。

● 家族办公室与金总夫妇密切合作，帮助他们重新评估投资组合可以在多大程度上满足他们的需求，实现他们最终的目标。家族办公室还据此拟定了一个更加合理的资产配置方案，整体目标是从激进增长转向平衡长期的增长，并且确保该方案能满足金总夫妇养老现金流的需求。

● 具体的投资产品的组合更加多样化，家族办公室有意降低高风险产品的比例，同时又对低仓位股票进行实时监控，以降低投资组合中的集中风险。

● 针对以往二级市场股票的目标配置率相对较高（约65%）的情况，以及金总夫妇二人对于养老长期投资的需求，家族办公室另为金总夫妇制订了投资组合的私募股权计划，以进一步提高风险回报率。家族办公室的目标是在几年内将上市股票从家族资产中剥离的部分投入到私募股权中，以将私募股权的占比提高到45%左右。

• 家族办公室选择性地增加了部分较为激进的、以往业绩良好的资管公司，目标投资占比为15%，这是对以往被动型投资的补充，这让家族办公室的整体组合方案可攻可守，进退自如。

• 在新的资产配置方案启动初期，家族办公室也经历了一些不大不小的波动，但是这也在某种程度上帮助金总减少了一些税，从而使得金总的负税在整体上可接受。

**养老及家庭资产规划要点：**

• 家族办公室与金总家人进行了多轮沟通，分析了金总家庭成员可能面临的各种情况，以确定金总的资产配置中有多少应该作为日常生活开支所需，以及现有的资产配置中是否可以将一部分财产进行单独投资，以解决财富传承的问题。为了弄清楚这些问题，家族办公室还与金总及其家人进行了一段时间的模拟，反复地沟通、打磨、修改方案，再以市场趋势和金总家人的需求为基础，最终确定将20%的资产作为日常生活开销，具体做法是用年金险来实现源源不断的现金流，并且抵御通货膨胀。

• 另为孙辈们留下了隔代传承的财产，此部分资产占比约20%，将主要投入到一些长期稳健的项目中，此部分资产由家族办公室投资顾问打理。

• 为了解决潜在的遗产税问题，家族办公室的税务专家和律师帮助金总夫妇另将金总持有的公司股权都装入了家族信托中，股权分红能为信托财产提供充足的现金流。

• 鉴于公司经营情况并不稳定，家族办公室将各类信托均设计为不可撤销信托，以便隔离企业主的债务风险。

• 针对养老金的投资组合，家族办公室制订了一项新的分配方案，将此类组合横跨两个纳税年度进行分配，以分摊并大大降低应缴税款。

• 作为养老投资的补充，家族办公室在充分调研的基础上，协助金总投资了一家养老机构和一家大健康公司，并为金总夫妇预订了一家高端养老社区。

**防范婚姻风险规划要点：**

• 金一与金一夫签订婚内财产协议。约定：①金一夫应主动向金一披露家庭财务状况，以便金一对家庭共同财产有清晰的了解；②金一夫应将一部分婚前财产赠与金一，对于不动产应完成过户；③约定女方占有较多的财产份额。女方作为家庭主妇，一旦有婚变风险，重返职场非常困难，这也就意味着，女方做出了巨大的牺牲，所以约定女方占有较多的财产份额，也在情理之中。

• 金一利用保险本身具有的杠杆属性及刚性兑付等特征，用夫妻共同财产，在婚内配置年金险或终身寿险，并放入家族信托中，指定金一、金一女儿、金一夫为受益人，将一部分夫妻共同财产与婚姻风险相隔离。

• 金总夫妇对金一的任何财产赠与均签署赠与协议，并明确约定，该财产属于金一个人所有，与金一夫无关。

• 金一立预防性遗嘱，将金总夫妇和金一女儿列为遗产继承人，并可将金总夫妇列为女儿的监护人。

• 金总夫妇立预防性遗嘱，对于尚未装入家族信托的财产由女儿和孙女继承，与女婿金一夫无关。

• 金总夫妇家族信托中，可将金一夫列为受益人，但应设置一定的分配条件，例如离婚则不再享有。并可约定金一的婚姻每持续 10 年，就可以分得一笔婚姻持续奖励。